Astèrix®

LES VERITATS HISTÒRIQUES EXPLICADES

Astèrix®

LES VERITATS HISTÒRIQUES EXPLICADES

TEXTOS DE BERNARD-PIERRE MOLIN

SALVAT

EL VERTADER DEL FALS

«Som a l'any 50 abans de Crist. Tota la Gàl·lia és ocupada pels Romans...». Des del 1961, amb la publicació del primer àlbum d'*Astèrix*, aquestes dues frases obren i ressituen cada aventura en el seu context històric. Però és després d'aquest íncipit, que sembla prou veraç, quan el talent i la fantasia dels autors entren en joc. De fet —i per a delectació dels lectors—, Goscinny i Uderzo, i avui Ferri i Conrad, s'han pres sovint algunes llibertats amb la història, si més no amb el que en sabem. Els dos mil anys que han transcorregut des de llavors són prou temps perquè els gals hagin patit l'oblit, interpretacions diverses i la recuperació política.

El mateix Cèsar va parlar de Vercingetòrix i la seva victòria a Alèsia a la *Guerra de les Gàl·lies*, l'única referència que en tenim sobre aquest tema i que és forçosament parcial, atès que amb aquest llibre construïa la seva pròpia llegenda. Altres autors grecollatins han proporcionat informacions valuosíssimes sobre la vida a Roma i a la Gàl·lia. Però pel que fa als gals, fervents defensors de la tradició oral, no en queda cap rastre escrit. Des d'un punt de vista textual, només coneixem els que durant tant temps se'ns ha presentat com «els nostres ancestres» amb els ulls dels qui els consideraven uns «bàrbars».

Tan avars en els vestigis com en els escrits, els gals, que feien construccions de fusta, no van deixar unes ruïnes tan boniques com els romans. Alguns edificis de pedra d'aquests darrers han resistit el pas del temps i continuen sent testimonis de la grandesa de l'Imperi. Naturalment, algunes excavacions van proporcionar informació als arqueòlegs, però no va ser fins a finals del segle passat quan, mitjançant l'observació de les marques dels fonaments des de l'aire, es va comprendre millor com eren la vida quotidiana i el món gals.

Des de l'any 52 aC, data oficial de la conquesta de la Gàl·lia, Roma va posar les seves grapes en un territori devastat i exsangüe. Els gals supervivents es van diluir en la pau i en les lleis romanes, i es van convertir ràpidament en més romans que gals. La cultura grecollatina va triomfar i, juntament amb el cristianisme, va fundar el regne de França.

Al segle XIX, el país buscava un revifament. Després de les primeres excavacions que van revelar aquesta part oblidada de la història nacional, Napoleó III va exhumar Vercingetòrix per exaltar l'heroisme francès, en particular davant de Prússia. Alèsia es va convertir en l'epicentre del mite gal, un poble ple de grandesa, coratge, abnegació i bigotis. Així, «els nostres avantpassats, els gals», uns lluitadors valents que vivien al bosc, guiats per druides il·lustrats i menats per valors nacionalistes, van ser reclamats per la Tercera República i, després, pel Govern del mariscal Pétain. L'ús polític d'aquesta faula no va tenir èxit malgrat totes les lloances, però es va ensenyar durant molt temps i continua ben ancorada en la nostra imaginació. Tanmateix, descobriments i estudis recents han desmuntat aquesta visió parcial de la rica cultura gal·la, d'una complexitat que encara avui se'ns escapa.

Sense voler fer la competència a arqueòlegs i historiadors, que avancen contínuament en les seves investigacions, aquest llibre ofereix una forma humorística d'identificar els anacronismes, les bromes i les informacions històriques, reals, inventades o astutament esbiaixades dels autors d'*Astèrix*. Els gals menjaven tres senglars al dia? Transportaven el seu líder a sobre d'un escut? Els romans passaven l'estona a les termes o al teatre i s'afartaven a les orgies? Cada vinyeta de les aventures d'*Astèrix* obre una pàgina d'història. Algunes són exactes, d'altres plausibles, la majoria molt imaginatives, però tot sovint d'allò més divertides.

No sempre és fàcil separar el que és vertader del que és fals en la història antiga. Tanmateix, aquest és el propòsit d'aquesta petita obra sobre els gals que pretén ensenyar divertint. Recordant que són els nostres avantpassats tant com els romans i tots els pobles que, al llarg dels mil·lennis i de les migracions, han vingut a enriquir França.

Bona lectura.

B. P. M.

ALGUNS ESDEVENIMENTS

10000 a 5000 aC
Neixen l'agricultura (Orient Mitjà, Xina) i les primeres civilitzacions; s'estenen progressivament a Europa.

6000 a 4000 aC
Edat del coure, neolític.

4000 aC
Megàlits (dòlmens i menhirs a Europa).

3000 aC
Invenció de l'escriptura.

3000 a 1000 aC
Edat del bronze.

1200 aC
Guerra de Troia. Primeres traces de civilització etrusca al nord de Roma.

1000 aC
Els celtes arriben a la Gàl·lia.

814 aC
Fundació llegendària de Cartago.

753 aC
Fundació llegendària de Roma.

800 a 480 aC
Primera edat del ferro.

509 aC
Adveniment d[e]
República rom[a]

---

53 aC
Mort de Cras.

52 aC
Derrota d'Alèsia, la Gàl·lia se sotmet a Roma.

50 aC
Guerra civil romana.

48 aC
Mort de Pompeu, Cèsar dictador.

44 aC
Assassinat de Cèsar.

44 aC
La Gàl·lia es divideix en províncies romanes.

30 aC
Fi de les guerres civils.

27 aC
Fundació de l'Imperi romà per August, que controla tota la conca mediterrània.

27 aC a 68 dC
Expansió de l'Imperi romà sota Tiberi, Calígula, Claudi i Neró.

Cap al 40
Comencen les persecucions contra els cristians.

70 a 96
Regnats de Vespasià, Titu[s] i Domicià i construcció d[el] Colosseu (70-8

HISTÒRICS

…00 a 50 aC
…a edat del ferro.

390 aC
Roma és saquejada pels gals.

336 a 323 aC
Conquestes d'Alexandre el Gran.

260 a 241 aC
Primera guerra púnica, que Roma venç.

218 a 201 aC
Segona guerra púnica: Roma amplia el seu territori.

146 aC
Tercera guerra púnica i destrucció de Cartago. Roma inclou ara la Gàl·lia cisalpina, Còrsega, Sicília, Hispània, Grècia i Àsia Menor.

125 a 118 aC
Annexió de la Gàl·lia transalpina per Roma.

73 a 71 aC
Revolta dels esclaus d'Espàrtac, aixafada per Cras.

67 aC
Victòria de Pompeu sobre els pirates de la Mediterrània.

60 aC
Triumvirat de Cèsar, Cras i Pompeu.

58 a 52 aC
Guerra de les Gàl·lies.

98 a 161
…ogeu de l'Imperi … les conquestes …àbia (Palestina) i …a (Romania) sota …à, Adrià i Antoní.

150
Guerra contra els germànics i fi de la pau romana.

212
Edicte de Caracal·la: tots els homes lliures de l'Imperi, inclosos els gals, esdevenen ciutadans romans.

286
Divisió de l'Imperi entre Orient i Occident.

355 a 357
Revoltes a la Gàl·lia.

306 a 337
Regnat de Constantí i reunificació de l'Imperi, llibertat de culte.

380
Roma es converteix al cristianisme i posa fi a les persecucions.

395
Separació definitiva en dos imperis.

400
Invasió dels huns, devastació de l'Europa central.

406
Saqueig de Roma per Alaric, rei dels visigots.

476
Caiguda de Roma i fi de l'Imperi d'Occident.

- ▲ **Gàl·lia**
- ▲ **Roma**
- ▼ **Gàl·lia romana**
- ▲ **Altres**

LA GÀL·LIA A L'ANY 50 AC
BRITÀNIA
AMBIANS
ROTOMAGUS
DUROCORTUR
POBLET DELS IRREDUCTIBLES GALS
LUTETIA
RÈDONS
CARNUTS
VÈNETS
CONDATE
Batalla dels Vènets
Batalla d'Avaricum
BITÚRIGS
NAMNETES
GÀL·LIA CÈLTICA (LUGDUNENSE)
PÍCTONS
SÀNTONS
AQUAE CALID
Batalla de Gergò
ARVERNS
BURDIGALA
GÀL·LIA AQUITÀNIA
AGINUM
VOLQUES
TECTÒSAGES
HISPÀNIA

NERVIS
GÀL·LIA BELGA
REMS
GERMÀNIA
SÈNONS
Batalla d'Alèsia
HEDUS
Batalla de Bribacte
SÈQUANS
HELVECIS
GENEVA
JGDUNUM
AL·LÒBROGES
GÀL·LIA CISALPINA
GÀL·LIA TRANSALPINA (NARBONESA)
SAL·LUVIS
Batalla d'Aquae Sextiae
NICAE
MASSILIA
CORSICA
Les batalles
LES CIUTATS
LES TRIBUS
LES PROVÍNCIES

ELS GALS

EL MÓN ABANS DELS GALS

Molt abans i molt després dels gals, França va tenir força avantpassats. Cap al 10000 abans de la nostra era, emergia lentament de la prehistòria. L'agricultura i la ramaderia, que acabaven d'inventar-se a l'Orient Mitjà, conquეririen ràpidament el món i els grups humans de la futura França es farien sedentaris. L'any 5000 aC apareixen menhirs i dòlmens que es convertiran en símbols del neolític, la nova edat de pedra que marca una important transformació tècnica i social.

Però el gran progrés de la humanitat va tenir lloc sota altres cels: a Egipte i a Mesopotàmia es van inventar la roda (3700 aC), l'escriptura (3500 aC) i el bronze (3000 aC). L'edat d'aquest aliatge va durar vint segles, quan arribà fins a Europa occidental, on la tècnica encara feia els primers balbuceigs. A més d'aquestes, altres grans civilitzacions, com la de Creta, estaven començant a sorgir a les ribes del riu Indus i de la Mediterrània.

ARRIBEN ELS CELTES

La primera edat del ferro va començar al segle VIII aC. Va ser llavors quan es va fundar Roma i els celtes entraren a la història. Assentats entre el Danubi i el Tirol, van emigrar cap a l'oest per colonitzar nous territoris: França, Suïssa, Bèlgica, el nord d'Itàlia, la península Ibèrica, i després creuaren el Canal cap a Anglaterra.

L'any 500 aC, els celtes es van barrejar amb els natius. A Hispània, la mescla genètica amb els ibers i l'Àfrica veïna va originar els celtibers. A França, els celtes es van dividir en pobles i fundaren ciutats com Bourges. Amb un perfecte domini de la metal·lúrgia, els celtes són els herois de la segona edat del ferro i trauran profit d'aquest avantatge tecnològic. Ben armats, aquests combatents formidables s'embarcaren en incursions bèl·liques contra els seus rics veïns. Van saquejar Roma als voltants de l'any 390 aC i assaltaren Grècia cent anys després, deixant rere seu desolació i mals records. Durant aquestes expedicions, els celtes es convertirien en gals.

LA INVENCIÓ DELS GALS

Hecateu de Milet, un geògraf grec del segle VI aC, ofereix el primer rastre escrit de la paraula «celta» (*keltoi*). Més endavant, els grecs van anomenar gàlates (*galatai*) els celtes que s'establiren al seu país i, per extensió, tot el grup ètnic. Per la seva banda, els romans van anomenar les Gàl·lies tota l'Europa continental, des del Rin fins als Pirineus i des de l'Atlàntic fins als Alps. Aquesta Gàl·lia, poblada de *galli* (el plural de *gallus),* cobria allò que després de moltes peripècies acabarien sent França i Bèlgica.

Els gals, que deuen el nom als romans —que els temen i els odien—, tenien una idea molt vaga de nació. Se sentien arverns, hedus, bitúrigs, carnuts, parisis, vènets, redons, sèquans... entre els més de setanta pobles que ocupaven el territori. Cadascun desenvolupà la seva pròpia petita civilització i particularitats. Però els gals, malgrat les seves singularitats regionals, compartien una cultura comuna. Certament, la llengua, la religió i l'organització política i privada tenen matisos, però segueixen sent indubtablement celtes i, en gran mesura, inspirades en pràctiques antigues. Els gals dels segles XV a I aC es duien raonablement bé.

REVOLUCIONS GAL·LES

Fins a final del segle I, i malgrat els nombrosos conflictes entre els celtes i fronterers, els pobles de la Gàl·lia van viure dies relativament tranquils. Entre els anys 113 i 101 aC, els germànics van assolar el país, posant de manifest la impotència dels seus cabdills. Els romans hi van intervenir i van aturar les reivindicacions germàniques amb una gran massacre a Aix-en-Provence. Ja amos de la Gàl·lia Cisalpina, van aprofitar l'avinentesa per annexionar-se la Gàl·lia Transalpina, que s'estenia per tot el sud del país.

Per evitar noves invasions, els gals van evolucionar i van consolidar les seves places fortes, que Cèsar anomenava *oppida*. Els temps i les aliances també van canviar. Els poderosos arverns, privats d'accés a la Mediterrània, van perdre la seva hegemonia davant dels hedus, aliats de Roma. Els sèquans, gelosos, van fer conxorxa amb els hedus dissidents per expandir el seu poder, i també es van associar amb els helvecis, que volien estendre's cap a l'oest. Mentre els germànics continuaven sent una amenaça i Bèlgica es queixava, Juli Cèsar va aprofitar la confusió extrema per llançar la seva guerra contra els gals.

LA GUERRA A LA GÀL·LIA

Coneixedor que la Gàl·lia estava dividida i amb una idea al cap, Juli Cèsar es va apressar a ajudar els hedus, preocupat pel projecte suís de transhumància. Ofegà militarment les reivindicacions suïsses i va picar els dits als germànics, que esperaven annexionar-se els territoris disponibles. Amb un agut sentit de la manipulació, així com amb una gran intel·ligència estratègica i diplomàtica, va establir el seu protectorat. Del 57 al 53 aC, Cèsar va alternar victòries i aliances, va posar la mà de Roma sobre els gals i intentà dues breus incursions a Bretanya, l'antic nom d'Anglaterra.

L'any 52 aC, la submissió gal·la semblava quasi segura quan va esclatar la revolta. Vercingetòrix, cabdill dels arverns, va agrupar alguns aliats i va llançar el moviment al qual van arribar a unir-se els hedus. La rebel·lió va créixer en importància i la derrota romana de Gergòvia l'amplificà encara més. Però l'eufòria seria efímera. Enardit per aquest èxit, Vercingetòrix va perseguir Cèsar fins a Alèsia, on va restar atrapat. Assetjat durant tot l'estiu, va esperar en va uns reforços que, coordinats i mal organitzats, no van servir de res. Vercingetòrix es va rendir al vencedor al final de l'estiu. Cèsar triomfà i el gal va prendre el camí de la romanització.

EL NAIXEMENT DELS GALS ROMANS

Militarment i civilment efectiva, la maquinària romana es va posar en marxa. Com a tots els territoris que s'annexionava, va modelar la Gàl·lia a la seva imatge i semblança. Les *oppida* es van abandonar en favor de noves ciutats dissenyades seguint el model romà, unides entre si per calçades que eren relativament segures. Amb els seus edificis públics, fòrums, arcs i portes de pedra, amfiteatres, subministrament d'aigua, banys termals i carrers empedrats, els centres urbans inspirats en l'*Urbs*, el sobrenom de Roma, seduïren els colonitzats. Els gals també es van sotmetre a l'administració i el dret romans que, tot i no ser sempre justos, tenien el mèrit d'estar estructurats.

Ara vestits amb togues i amb els cabells tallats i la cara afaitada, els gals conserven certes pràctiques ancestrals o religioses, però s'adhereixen en gran mesura al model dominant. Si bé al medi rural les llengües gal·les perduren un temps, l'ús del llatí com a eina d'intercanvi universal, escrita i ensenyada, s'estén per tot el país. L'arribada de l'Imperi romà l'any 31 aC continuà i accelerà la conversió de la Gàl·lia, dividida en quatre grans circumscripcions: Aquitània, Narbonesa, Lugdunense i Bèlgica. Totalment integrades, aquestes províncies participen activament en la vida cívica de Roma, especialment des que l'emperador Claudi obrí el Senat als seus representants.

L'EDAT D'OR, EL FINAL I FRANÇA

La Gàl·lia romana va viure una època de prosperitat i pau. Tot i algunes guerres civils al voltant dels anys 68 i 69, la *pax romana* va regnar durant els segles I i II de la nostra era. El sistema imperial estava en el seu apogeu, i els gals hi van participar força, martiritzant alegrement els primers cristians al principi, abans de convertir-se massivament a aquesta nova religió.

A partir del segle II, l'Imperi va decaure. El sud d'Anglaterra es va reconquerir. Els visigots es van apoderar breument de Roma l'any 410, abans d'ocupar Aquitània i Hispània. L'any 451, els huns van envair occident, però no van poder entrar a París, defensada per la mítica Genoveva, que tampoc va fugir quan van arribar els francs. Clodoveu, el rei dels francs, va donar el nom al regne de França l'any 481.

ROMA I EL SEU IMPERI

201 aC: La República després de la segona guerra púnica.

27 aC: Començament de l'Imperi.

Segle II: Apogeu de l'Imperi.

Les batalles

LES CIUTATS I LES ILLES

ELS BÀRBARS

ELS ROMANS

TOT COMENÇA AMB LLEGENDES...

Com moltes ciutats riques en història, Roma creu en la seva llegenda. Comença amb Enees fugint de la seva mítica ciutat de Troia, presa pels grecs al segle XIII aC. Després d'un viatge comparable a l'odissea d'Ulisses, el troià va atracar no gaire lluny de la futura Roma, on es va casar amb la filla de Latinus, rei de la tribu llatina. Uns segles més tard, una descendent seva es va aparellar amb el déu Mart —aleshores es feien aquestes coses— i va donar a llum Ròmul i Rem. Abandonats a les aigües del Tíber per salvar-los de la perfídia d'un oncle, els bessons van ser salvats i adoptats per una mare lloba enviada pels déus. Això també es feia aleshores... Ja adults, van veure una illa al Tíber envoltada de set turons. En aquest lloc van fundar Roma el 21 d'abril del 753 aC. Llavors es van barallar i Ròmul va matar el seu germà. Després d'enterrar-lo, va ser coronat primer rei de Roma. Aquest és l'inici de la història, però la llegenda persisteix: s'han trobat possibles vestigis del *pomoerium*, la palissada original de Ròmul...

DELS REIS ETRUSCOS A LA REPÚBLICA

Els etruscos, un poble poderós del nord de Roma que va dominar la península italiana al segle VIII aC, van intervenir en l'organització de la nova ciutat i en compartiren la corona amb uns altres dos pobles locals, els llatins i els sabins. Roma va tenir set reis, tres dels quals van ser d'origen etrusc. L'any 509 aC, una revolució va acabar amb el darrer rei: Tarquini el Superb, i es proclamà la República. Aquesta s'enfrontà al repte d'administrar un territori modest, fràgil, fragmentat i envoltat de pobles més o menys hostils.

Es proveí d'institucions sòlides, de cònsols i magistrats elegits per governar, d'assemblees de ciutadans —els comicis— i va dotar de molt poder el Senat, l'antic consell del rei. La jove República reformà també la legió, l'exèrcit creat per Ròmul i inspirat en les falanges gregues. I començà a somiar la seva grandesa.

UN TRAUMA EN EXPANSIÓ

L'any 390 aC, una invasió gal·la saquejà Roma i deixà una empremta duradora a la ciutat, que en sortí exsangüe i en ruïnes. Ràpidament va recuperar l'energia i d'aquesta experiència aprengué que era necessari ser poderós i despietat. L'any 323 aC, la sobtada mort d'Alexandre el Gran va posar punt i final a l'edat d'or de Grècia, que aleshores governava la conca mediterrània i l'est. El camí estava (gairebé) expedit. Roma començà la seva expansió a través de la conquesta, l'aliança o la submissió dels pobles d'Itàlia. El sud s'adquirí definitivament després de la captura de Tàrent (272 aC), una important colònia grega defensada per Pirros que, malgrat algunes victòries, va perdre la batalla.

També va haver de lluitar contra Cartago, el seu últim gran rival, que des de l'actual Tunísia governava principalment Sicília, Sardenya i Còrsega. La primera guerra púnica durà de l'any 264 al 241 aC i solucionà aquest problema. A la segona (218-201 aC), recordada especialment per l'espectacular contraatac del cartaginès Anníbal a cavall d'elefants, Roma també s'emportà la victòria. Només quedava destruir Cartago, cosa que es va fer l'any 146 aC.

Seguidament van caure en mans de Roma el nord d'Itàlia, el sud de la Gàl·lia i l'est d'Hispània. Després, la costa dàlmata, Grècia i l'oest de Turquia. La repressió despietada que va seguir a la incursió de les hordes germàniques —cimbres i teutons— a la Gàl·lia entre els anys 112 i 101 aC va permetre a la República consolidar el seu domini, en espera de l'Imperi.

GUERRES CIVILS, GUERRES SERVILS

La nova fortuna de Roma i la seva distribució tan desigual van atreure ressentiment, gelosia i ambició. Les ciutats aliades de la República (els *socii*) es van revoltar a principi del segle I aC, durant les anomenades «guerres socials». A penes sufocades, es van sollevar les colònies de Grècia i l'Àsia Menor. Després va ser el torn dels esclaus i els gladiadors. Totes aquestes temptatives de sedició van ser reprimides violentament per la legió. Tanmateix, les seves victòries van alimentar la set de poder dels caps, que pretengueren aprofitar les queixes dels descontents per imposar-se al cim. Pompeu, Cèsar i Cras, tres generals devorats per l'ambició, la van retardar temporalment amb una aliança tripartida. Per consolidar la influència i la popularitat respectives, cadascun d'aquests falsos amics però vertaders rivals va partir a sotmetre noves terres. Pompeu va prendre l'Orient, Cèsar conquerí la Gàl·lia i Cras va trobar un os: va ser derrotat a Mesopotàmia i mort pels parts. Els dos primers, en tornar de les seves campanyes victorioses, es van llançar a una guerra fratricida. Cèsar va guanyar l'aposta i es proclamà dictador el 49 aC. Però no gaudí gaire temps d'aquesta envejable situació.

El seu assassinat l'any 44 aC va desfermar de seguida una guerra de successió. Octavi, fill adoptiu de Cèsar, va eliminar tots els competidors a cops de legió, acabant amb la victòria sobre Marc Antoni a Actium el 31 aC. Malgrat el suport i l'amor de Cleòpatra, la reina d'Egipte, aquest gran general fou derrotat i se suïcidà. Octavi, que havia pacificat per la força de les armes totes les províncies, obtingué del Senat poders polítics i militars excepcionals. Amb el títol quasi diví d'August —que conservà— fou nomenat *imperator* de tots els exèrcits. El seu control total, sense límit de temps, posà fi a la República l'any 27 aC, com si res.

L'IMPERI I LA PAU ROMANA

D'aquesta manera, Roma es va convertir en un imperi. El Senat va conservar algunes prerrogatives i la gestió d'algunes províncies, però el nou emperador August es va reservar per a ell les que disposaven de legions armades, instruments implacables de poder. La *pax romana* instaurada no va impedir noves conquestes i annexions, que van continuar Tiberi i Claudi, successors d'August. Ells van afegir al territori imperial Judea, Germània, el nord d'Hispània, el sud de la Gran Bretanya i les regions del Danubi.

Neró, que pujà al tron l'any 54 dC —la seva curta vida torturada començava a causar un cert malestar—, va fer palesos els abusos del poder absolut. Després del seu suïcidi forçat, l'any 68, es va obrir un període d'incertesa durant el qual es van succeir diversos emperadors efímers. L'adveniment de Vespasià va tranquil·litzar el joc i confirmà el poder per herència. Tanmateix, la seva dinastia Flàvia va desaparèixer ben aviat a favor de la dinastia Antonina. Aquesta comptà amb els grans personatges de Trajà, Adrià, Antoní i Marc Aureli, amb qui Roma va viure la seva edat d'or. El segle II va ser una època de prosperitat, construcció, consolidació del sistema, romanització de les províncies i expansió a la Gran Bretanya i Dàcia, l'actual Romania. La ciutat de Roma, embellida, opulenta i monumental, amb un cor que bategava a l'uníson amb el seu milió d'habitants, brillava sobre un imperi immens interconnectat gràcies a una poderosa xarxa de carreteres pavimentades.

EL PRINCIPI DE LA FI

Còmmode, l'últim dels Antonins, va caure, com altres abans que ell, en una política despòtica. També acabà sent assassinat, i això donà lloc a un nou període d'indecisió i em-

Astèrix gladiador

Astèrix gladiador

peradors fugaços. La dinastia dels Severs es va fer càrrec —lògicament i severament— de la situació. El 212, Caracal·la va signar les darreres grans obres romanes amb unes termes sumptuoses, i va marcar la vida política amb l'edicte que regalava la ciutadania a tots els habitants lliures de l'Imperi.

En aquest segle III, la dinastia dels Severs desapareixeria aviat, deixant Roma en una situació d'expectativa, incerta i, per tant, incapaç d'imposar el seu poder. Les fronteres de l'Imperi presentaven grans problemes. Els pobles germànics, els de Pèrsia i els de Bretanya cobejaven les seves riqueses i esperaven la seva oportunitat. A mitjan segle, Roma semblava doblegar-se sota els flagells de la pesta, les revoltes civils, les guerres bàrbares, els assassinats, les venjances, els complots, els usurpadors barats i els emperadors per atzar.

DUES ROMES, UN SOL DEU, MÉS IMPERI

L'any 284, el militar Dioclecià aprofità un buit de poder per proclamar-se emperador. Va ser prou llest per compartir immediatament el tron, però el retorn a la calma era precari i les amenaces persistien: guerra a la Gàl·lia, conflicte contra els perses, incursions bàrbares... L'any 313, Constantí va prendre les regnes d'un imperi en mutació, que demanava reformes. Així, es va convertir al cristianisme, autoritzà la llibertat de culte i instal·là la capital, la nova Roma, a Constantinoble (la futura Istanbul), a Bizanci.

Orient s'allunyava d'Occident, que mantenia l'antiga Roma com a metròpoli. Però a la ciutat eterna no li quedava gaire temps. Arribats de l'est, els huns d'Àtila van envair Europa, empenyent els germànics —francs, alamans, burgundis— cap a la Gàl·lia, que van ocupar ràpidament, i cap a Itàlia. El 410, Roma va ser presa per Alaric, general romà i rei dels gots, i 45 anys més tard saquejada pel vàndal Genseric. Ròmul Augústul, l'últim emperador d'un imperi ja inexistent, va ser deposat el 476.

Fi de la història romana i principi d'una altra.

Obèlix i companyia

ELS CAPS GALS ES PASSEJAVEN A SOBRE D'UN ESCUT

FALS

El combat dels caps

Si els autors d'*Astèrix* haguessin respectat la història, Abraracúrcix no hauria hagut de queixar-se mai dels seus portadors, i els lectors s'haurien perdut alguns acudits saborosos, com aquell en què Obèlix, per compensar la deserció dels dos portadors oficials, serveix, ell solet, la comanda.

El molt vanitós costum de ser transportat sobre un escut no és celta, sinó germànic. Va sorgir a les latituds gal·les a partir del segle IV dC, amb l'ocupació dels francs. En efecte, a aquest poble que travessà el Rin i conquerí el país al qual donà el nom, li agradava fer palesa així l'autoritat del seu rei.

Els gals s'acontentaven a protegir-se darrere un escut, element defensiu present als camps de batalla des del segon mil·lenni abans de la nostra era. Els dels personatges prestigiosos podien ser de bronze, però l'escut gal clàssic era de fusta, recobert de cuir pintat i a vegades realçat amb peces metàl·liques. El guerrer gal podia repenjar a terra el seu llarg escut oval o rectangular, però no s'hauria arriscat a enfilar-s'hi a sobre.

LA PROPINETA: EL GALL GAL, UN JOC DE PARAULES ROMÀ

Altiu, agosarat i combatiu, el gall és el símbol de França. Si bé l'orgullosa gallinàcia adorna les samarretes dels equips francesos de futbol i de rugbi, no ajudà mai els gals davant dels romans. Aquests van inventar aquest sobrenom jugant amb el doble sentit del mot llatí *gallus*, que vol dir «gal», però també «gall». Tanmateix, aquest animal gaudia d'un estat bastant afalagador, atès que per la seva valentia i vigor s'associava amb el déu Mercuri. Aquestes qualitats van agradar als reis de França, que van adoptar aquest ocell. Quiquiriquic!

LES GAL·LES ESTAVEN ALLIBERADES

VERTADER

Astèrix, la rosa i l'espasa

Com la senyora Edatdepèdrix, l'esposa gal·la gaudia d'un estatus envejable en comparació amb les dones gregues o llatines. La gal·la casada conservava el control del seu dot i disposava d'una certa independència moral, sobretot quan el seu home marxava a la guerra, a més d'econòmica si no tornava. En aquest cas, ella heretava els béns comuns i es podia tornar a casar. Aquesta quasi igualtat era conseqüència tant de les campanyes guerreres que allunyaven els homes durant uns períodes molt llargs de temps, com de la gran proporció de feina que incumbia a les dones. En efecte, no tan sols criaven els fills, portaven la casa i gestionaven els conreus i els ramats, sovint també realitzaven alguna activitat menestral.

Pel que fa a les nobles, i *a fortiori* a les famílies governants, un matrimoni permetia segellar acords. L'esposa era una representació diplomàtica del seu clan i, d'acord amb aquest estatus, podia ser considerada a l'igual de l'home.

Al segle I, l'intel·lectual grecoromà Plutarc va escriure que les dones seien a les assemblees gal·les i discutien sobre la guerra i la pau. Refereix que en un acord celebrat entre el general cartaginès Anníbal i les tribus gal·les dels Pirineus, les dames van exercir el paper d'àrbitres legals. Quina galanteria!

LA PROPINETA: MALS PARES

Llevat de les famílies importants, en què la descendència tenia un paper polític, sembla que els gals no es preocupaven gaire dels seus fills. Aristòtil se sorprèn —i és comprensible— del costum d'una tribu del Rin de llençar els nounats a l'aigua per provar la seva resistència. En aquell món rude i viril, tampoc convenia que un guerrer es presentés amb els seus fills. El gall gal no era pas un pare gallina.

CAP GAL GOJÓS SENSE VESC GUARIDOR

VERTADER

Astèrix el gal

Ingredient indispensable de la poció màgica i encara prescrit pels homeòpates actuals, el vesc, tot i ser tòxic, gaudeix des de l'antiguitat d'una gran reputació com a guaridor. Planta paràsita de les coníferes i arbres de fulla caduca, però sobretot planta sagrada i medicinal, el vesc —en concret el del roure— estava a totes les salses gal·les.

Els druides experimentats s'encarregaven de collir-lo seguint un ritual precís. Acompanyats de dos toros, grimpaven als arbres per tallar les branques amb la falç d'or. Aquesta collita «amb gran pompa i cerimònia, tenia lloc el sisè dia de la lluna, que marcava l'inici del mes, dels anys i dels segles, que per als gals duraven 30 anys», explica Plini el Vell. Un cop el druida baixava a terra, la cerimònia continuava amb el sacrifici dels toros, una part dels quals s'oferia als déus i la resta se servia al banquet consegüent.

Relacionat amb les estacions i, per tant, al temps que passa, a la vida i a la mort, el vesc es feia servir en pocions benèfiques, màgiques o tòxiques, i també inspirava els artistes. Arreu de les Gàl·lies, les seves fulles s'utilitzaren com a motiu en nombrosos objectes decoratius.

LA PROPINETA: L'OR DE LA FALÇ... I DEL BOTÍ!

Trobat als vessants de les muntanyes i als rius, l'or era treballat pels hàbils menestrals gals per produir joies i falçons druídics. Durant la celebració de la conquesta de la Gàl·lia, Cèsar desfilà amb les tones d'or que havia robat als vençuts. Les males llengües deien que aquella guerra no va ser sinó un pretext per apoderar-se d'aquest tresor.

La falç d'or

ELS POBLES GALS S'ASSEMBLAVEN AL D'ASTÈRIX

FALS

La gran rasa

Contràriament a altres pobles de l'antiguitat, els gals no construïen en pedra. Així doncs, el seu hàbitat és prou diferent de la visió que en donen els autors d'*Astèrix*. Les seves cases, d'estructura de fusta, murs de tova i sostre de palla (aquest darrer punt sí que concorda amb els dibuixos), no resistiren el pas del temps.

En absència de vestigis tangibles, els inventors del mite gal del segle XIX van imaginar que els «nostres ancestres» vivien en pobles erigits enmig del bosc. L'arqueologia moderna ha refutat aquesta faula. En descobrir-se rastres d'antics assentaments gals, s'han realitzat excavacions que han permès comprendre millor la vida quotidiana l'any 50 aC.

Habitaven en un entorn essencialment rural compost, sobretot, de grans granges autònomes. En aquestes explotacions, instal·lades a prop d'una font o d'un curs d'aigua, treballaven i vivien famílies extenses que conreaven els seus camps, criaven el seu bestiar i fabricaven les eines que necessitaven. Aquestes unitats de producció consumien quantitats enormes de fusta, i els gals no gestionaven els boscos de manera sostenible. Per molt que li pesi a Ideafix, l'amic dels arbres, la Gàl·lia d'aleshores era menys boscosa que la França d'avui.

LA PROPINETA: GALS DE CIUTAT, GALS DE CAMP

La majoria dels gals vivien en entorns rurals i aïllats, però cada tribu tenia una capital on vivien diversos milers de famílies de comerciants i menestrals. Aquestes ciutats, seu del poder polític i de les assemblees generals, acollien també les fires, els mercats i les cerimònies religioses.

L'escut arvern

ELS GALS CONEIXIEN EL FERRO

VERTADER

Astèrix el gal

El joc de paraules del títol revela una realitat gal·la. L'edat del ferro representa l'edat d'or —per dir-ho així— dels celtes, de qui els gals són descendents en línia directa.

La terra gal·la és plena a vessar de metalls i minerals: el coure i l'estany, aliatges de bronze, però també el ferro, molt més resistent. Ben aviat, l'home va comprendre que només li calia escalfar les roques per reduir el mineral i extreure'n el valuós metall. Després, amb la matèria primera recol·lectada d'aquesta manera es fabricaven eines i, és clar, també armes, més eficients i eficaces que les de bronze.

Igual que Esautomàtix, però no necessàriament amb les mans nues, els ferrers gals fabricaven tot el que els pagesos i els guerrers els encarregaven. Per als primers, feien dalles, fangues, relles d'arada, i fins i tot les fulles d'una antiga segadora que Plini el Vell descriu amb admiració.

Per als segons, la metal·lúrgia aportà llances i javelines, espases —llargues per als soldats de cavalleria, curtes per als d'infanteria— i les beines sovint treballades. Els romans, que apreciaven la bona feina, van adoptar la cota de malla que havien inventat els vençuts. Pobres.

LA PROPINETA: CASCOS AMB ALES?

Al camp de batalla, els gals no solien posar-se casc. En canvi, per desfilar els agradaven els cascos treballats i guarnits amb punxes o banyes. Les ales blanques del d'Astèrix són el fruit d'una interpretació arqueològica arriscada i del talent del dissenyador gràfic Jacno, que el 1925 dissenyà el paquet de cigarrets Gauloises. La idea va agradar a Uderzo, que el va encasquetar al seu irreductible preferit.

ELS GALS NOMÉS TEMIEN LA CAIGUDA DEL CEL

FALS

Astèrix i Cleòpatra

«Que el cel em caigui al damunt» és l'única por confessada d'Abraracúrcix, que, tanmateix, tremola davant la seva muller Bonamina. Evocar aquest terror ancestral, comú en nombroses societats primitives, és una manera gal·la d'afirmar que no es tem la mort, sobretot al combat. Però l'home normal i corrent havia de témer altres perills: saquejos, massacres, epidèmies, fam...

La bravata recurrent d'Abraracúrcix fa referència a la resposta dels emissaris gals a Alexandre el Gran el 335 aC, quan aquest els demanà si el temien. Els gals van respondre com si res que l'única cosa que els espantava era que caigués el cel. Alexandre considerà que aquests guerrers amb reputació de salvatges eren un pèl fanfarrons, i la cosa va quedar aquí.

Ptolemeu, un dels generals d'Alexandre, va anotar les pretensioses paraules gal·les, que van ser transcrites per l'historiador grec Arrià de Nicomèdia al segle II de la nostra era, és a dir, 450 anys més tard. Faltaven encara 2000 anys perquè Goscinny les agafés. Això dona una idea de com funciona la història.

LA PROPINETA: DÉUS NOMBROSOS I POC CONEGUTS?

Els déus gals, sovint relacionats amb la natura, ajudaven en les activitats humanes: la reproducció, la guerra, les collites, etc. Alguns noms d'aquelles divinitats ens han arribat gràcies als romans, que en van trobar paral·lelismes amb els seus. No obstant això, el vast panteó gal resta desconegut.

L'endeví

ELS GALS S'ATIPAVEN DE SENGLARS

FALS

Astèrix als Jocs Olímpics

Pobre Obèlix! Els gals no menjaven senglars quasi mai, ni als banquets. Al contrari que els romans, que no eren tan bojos i es delien pel porc salvatge. A la Gàl·lia del segle I aC, la caça estava reservada a una elit que la practicava com a entrenament per al combat. I com que la presa pertanyia als déus, calia fer-los un reembossament en forma de sacrifici abans de menjar-se un animal capturat furtivament al bosc. Era més pràctic plomar un gall.

Per cert, els gals tenien la mà trencada en la ramaderia: engreixaven i sacrificaven porcs, bous i aviram, que després bullien, rostien o salaven. La seva xarcuteria gaudia també d'una reputació gastronòmica envejable. A fi d'evitar el sobrepès i els riscos cardiovasculars, aquest règim carni s'equilibrava amb la ingesta de cereals i llegums (pèsols, llenties, faves, etc.) que els pagesos gals conreaven intensivament a les extenses granges i que constituïen la part essencial de la seva alimentació.

Una altra mala noticia per a Obèlix i el seu fidel Ideafix: el gos era un plat força apreciat. S'assaboria guisat, i la seva pell s'emprava per protegir-se del fred.

LA PROPINETA: PEIX FRESC DE DEBÒ

A diferència dels d'Ordralfabètix, els peixos no transitaven per Lutècia i només les tribus que vivien a la vora de la mar o d'un riu consumien el que pescaven. D'altra banda, a part d'alguns aliments no peribles, com ara l'oli o el vi, els gals només tastaven els productes locals. Igual que els consumidors actuals, preocupats per l'ecologia, eren essencialment «locàvors». Una sort per al planeta.

LA INDÚSTRIA DEL MENHIR GAL ESTAVA EN PLE APOGEU

FALS

Obèlix i companyia

Ho sentim per Obèlix, però a cap gal de la seva generació li va passar pel cap tallar un menhir. Aquestes «pedres llargues» (*maenhir* en bretó), presents arreu d'Europa i particularment a l'oest de França, es van edificar molt abans que els celtes, els avantpassats dels nostres suposats avantpassats, s'instal·lessin a tot el continent a partir del segle VIII aC.

Els megàlits —dòlmens i menhirs— es van erigir durant el neolític, un llarg període de grans canvis tècnics i socials que a Europa va durar entre el 7000 i el 3000 aC. En aquesta època es va desenvolupar especialment l'agricultura, que portà els pobles al sedentarisme. Cultivaven els seus jardins i marcaven els seus territoris amb unes pedres molt grosses. Avui continuem sense saber per a què servia un menhir —objecte religiós o observatori, punt de referència...?—, però creixien com bolets, tot i que no tan ràpid.

Sense poció màgica per desplaçar-los, els menhirs restaven immutables. Només la invenció de la dinamita al segle XIX va permetre treure els que molestaven el progrés en marxa. Trist destí per a aquestes majestuoses pedres dretes, edificades no se sap com i no gaire per qui, però per algú com Obèlix l'any 50 aC segur que no.

ELS CAPS GALS PENJAVEN CRANIS A L'ENTRADA DE CASA SEVA

VERTADER

La zitzània

La tradició del trofeu a sobre de l'entrada és molt gal·la, però a diferència d'Abraracúrcix, els altres caps hi penjaven els cranis dels seus enemics. És molt menys simpàtic i més sàdic que un cap de bou.

Si bé les guerres modernes causen molta desgràcia, desolació i abusos diversos, les de l'antiguitat no eren menys cruels. En el millor dels casos, els presoners eren esclavitzats. En el pitjor, massacrats a l'acte. *Vae victis*, «Ai dels vençuts!», com deien aleshores amb un humor tallant.

Els capitostos enemics solien ser decapitats i els seus caps orgullosament exhibits a sobre dels carros de combat per donar exemple. Després, aquests encantadors records de la batalla adornaven les façanes de les cases, on oferien una decoració evolutiva segons l'estat de descomposició de les cares.

Per pal·liar aquesta inexorable alteració, els caps més prestigiosos eren embalsamats amb oli de cedre. L'historiador grec Diodor de Sicília dona testimoni d'un gal que refusà vendre aquests trofeus al seu pes en or. És que un record bonic no té preu!

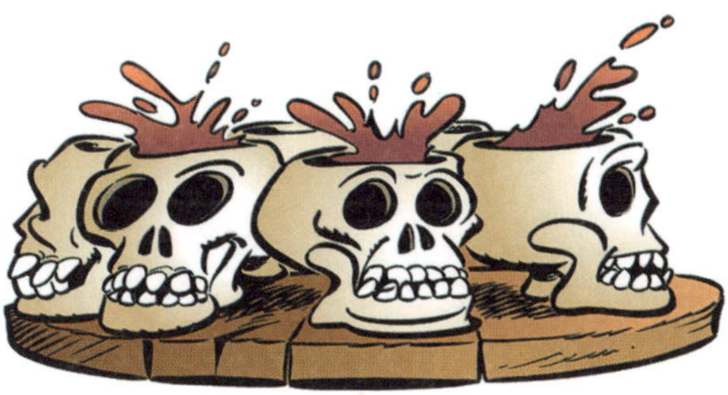

ALS GALS ELS AGRADAVA AIXECAR EL COLZE

VERTADER

Els llorers del Cèsar

Diversos erudits, com Sèneca, Titus Livi o Plini el Vell, parlen de l'afició dels gals per la beguda i l'embriaguesa. Però, com Obèlix, que sol abeurar-se de llet de cabra, no tots suportaven «farpectament» els efectes de l'alcohol. Així, sovint els banquets s'avinagraven i els comensals borratxos podien arribar a les mans, és a dir, a les armes, en duels fratricides. Algunes victòries gal·les, massa regades, van acabar fracassant. Per exemple, el 280 aC, més que a la intervenció d'Apol·lo, la tempesta o la malaltia, Delfos es va salvar segurament gràcies al fet que els invasors gals anaven d'alcohol fins a les celles.

Els gals apreciaven el vi, que els havien portat els grecs, i van estendre el seu conreu a regions avui vitícoles. Però el cert és que sobretot bevien cervesa —aleshores no l'anomenaven *bière*, sinó *cervoise*—, que encara no es feia de llúpol. Se sap que ja devers l'any 6000 abans de la nostra era s'elaborava cervesa; la de cereals com ordi, malt, blat o sègol no està testimoniada a la Gàl·lia fins al segle II. També es fermentava mel per produir l'hidromel o aiguamel. Segons la quantitat de matèria primera i el temps d'envelliment, la beguda podia arribar a tenir 20 graus o més. «Farpectament!»

LA PROPINETA: EL BARRIL GAL

Els gals consideraven que les àmfores eren fràgils, massa petites i poc pràctiques, per això preferien conservar i transportar els líquids —entre ells, l'alcohol— en barrils.

ELS GALS PORTAVEN CABELLS LLARGS I BIGOTIS

VERTADER

Abans de conquerir-la, els romans oposaven l'assenyada Gàl·lia amb toga (*Gallia togata*), la del sud ja civilitzada, a la salvatge Gàl·lia peluda (*Gallia comata*) que Cèsar afaitarà als voltants de l'any 50 aC.

La majoria dels historiadors opinen que aquesta denominació tan estranya emprada per Catul, Plini i Suetoni, tres plomes cèlebres, fa referència simplement a l'exuberant pilositat gal·la. Segons l'escriptor viatger Posidoni de Rodes, els gals eren alts, de pell blanca i llargs cabells rossos o rojos que aclarien aplicant-hi sabó, un dels seus invents. Molts ostentaven també un bigoti espès que els tapava la boca fins al punt de filtrar els aliments. La imatge és encantadora.

Al vast territori gal, habitat des de feia milers d'anys, s'havien barrejat nombrosos pobles d'orígens diversos. Per bé que el caràcter celta evocat per l'historiador Diodor de Sicília devia ser el dominant, hi coexistien molts altres tipus d'individus de talles, pigmentació i capil·laritats diferents. Els romans, amb els seus cabells curts i la cara afaitada, es referien als seus enemics amb un menyspreatiu «peluts» per donar-los un cert aire d'animalitat. O sigui, que tot és relatiu. A més, Obèlix no és gros i alguns gals no eren peluts.

La gran rasa

EL FESTIVAL ANUAL DE DRUIDES TENIA LLOC A PROP D'ORLEANS

VERTADER

Astèrix i els gots

Si bé el menhir d'or que guanyà Panoràmix amb la seva poció màgica és una invenció «uderzogoscynniana», és cert que cada any se celebrava una trobada de druides en un bosc ubicat al territori dels carnuts, una tribu que habitava l'actual regió d'Orleans. Lluny de jugar a frivolitats, els savis vestits de blanc utilitzaven aquestes reunions per intercanviar coneixements —sempre transmesos oralment— i, sobretot, per mantenir relacions diplomàtiques pacífiques entre els diferents pobles de la Gàl·lia que representaven.

Perquè els druides constituïen l'elit intel·lectual gal·la. S'encarregaven de l'educació dels joves nobles, però també exercien la política, la filosofia, la medicina, l'astrologia i la religió. A més, els druides feien de jutges d'assumptes tant públics com privats. Les seves decisions, ja es tractés de castigar un delicte, resoldre una disputa entre dos clans o una herència, eren definitives. Els qui no complien les sentències, eren expulsats de la societat. Aquest càstig terrible, pitjor que la mort per a un gal normal i corrent, és aplicat a Astèrix a *Astèrix i el calderó*. Per sort, tot s'arregla i l'àlbum acaba amb un banquet. Uf!

LA PROPINETA: EL DIFÍCIL CAS DIVICIAC

A falta de testimonis escrits gals, Diviciac és l'únic druida que ha deixat el seu nom en la història. Aquest personatge ambigu, magistrat dels hedus, una tribu aliada de Roma, posseïa la saviesa druídica, però s'allunyava, des d'un punt de vista ètic, de la imatge que tenim dels seus col·legues. Guerrer, comerciant, informant i, potser, fins i tot traïdor a la Gàl·lia, Diviciac és ben lluny de la integritat del savi Panoràmix.

ELS GALS ES DESPLAÇAVEN, COMBATIEN I ENTERRAVEN AMB DOS CAVALLS

VERTADER

A més de bons genets, els gals eren també uns carreters excel·lents. Se'ls atribueix la invenció d'un enginyós sistema de suspensió i la idea d'encerclar amb ferro les rodes dels carros. Aquests *karros* de guerra, explica l'historiador Titus Livi, van aterrir els romans a la batalla de Sentinum l'any 295 aC. A diferència de les quadrigues de curses romanes, tirades per quatre cavalls conduïts per un sol auriga, els carros gals funcionaven en parelles: dues rodes, dos passatgers —un cotxer i un combatent— i dos cavalls.

El carro tenia tant prestigi a la Gàl·lia preromana, que a vegades acompanyava els poderosos difunts —tant dones com homes— en el seu darrer viatge. Entre els diversos centenars de «tombes carro» descobertes en territori francès, la més famosa és la de la princesa de Vix, inhumada als voltants del segle v abans de la nostra era, a prop de Châtillon-sur-Seine (al departament de Côte-d'Or). Es va trobar estirada sobre el carro i envoltada del seu tresor, que incloïa un gerro de bronze de 208 quilos, esplèndida mostra de l'artesania antiga.

Sorprenentment, a la *Guerra de les Gàl·lies*, Cèsar només menciona vehicles de combat junyits a Bretanya. Potser als altres llocs ja s'havia perdut l'art del carro?

Astèrix gladiador

TREURE LA LLENGUA ERA UNA PROVOCACIÓ GAL·LA

VERTADER

Abans d'entrar en combat, els gals buscaven impressionar els seus enemics. Una jugada hàbil i legítima. Cridant, insultant, vociferant, copejant furiosament l'escut amb l'espasa, bufant el càrnix... organitzaven un esvalot espantós amb què esperaven refredar el coratge de l'enemic. I una anècdota ens ensenya que, com Astèrix, provaven de provocar l'adversari traient la llengua.

L'historiador romà Titus Livi relata un moment de valentia que degué tenir lloc als voltants del 360 aC, quan els gals, que havien saquejat Roma feia uns quants anys, tornaven a amenaçar la ciutat. Un d'ells, un colós amb l'armadura guarnida i llampant, desafià el romà més valent en un combat singular. Com que cap legionari tenia pressa per respondre als insults del gegant, aquest va treure la llengua a manera d'última provocació. Aquell vil gest va ser massa per al fràgil i jove Tullius Manlius, que, com un David romà, va avançar sota les burles del Goliat gal. Una hàbil esquivada va obrir camí a l'espasa del petit heroi. Després de matar-lo, decapità el gegant que jeia a terra. Ben fet!

LA PROPINETA: EL CÀRNIX, UN INSTRUMENT MILITAR

Aquest llarg corn gal, que es tenia dret i acabava en una forma de cap d'animal (sovint, un senglar), no acompanyava les cançons de bressol, sinó les batalles. El seu so ronc, potent i greu es mesclava amb els crits i amb el soroll dels cops d'espasa per terroritzar l'enemic, a manera d'arma psicològica ensordidora.

L'ESTRATÈGIA MILITAR GAL·LA ERA MÉS AVIAT POBRA

FALS

El cel ens cau al damunt

Mentre els primers guerrers gals eren una mica barroers, els seus successors van mostrar una certa inventiva en la construcció d'una estratègia real a mesura que adquirien experiència. De fet, durant les conquestes d'Itàlia i de Grècia, als segles V i IV aC, van adoptar algunes tàctiques guerreres dels seus adversaris. Així, el carro de dues rodes i dos cavalls, temiblement eficaç, segurament el van manllevar als etruscos, un poble del nord d'Itàlia. Els gals també es van inspirar en els escuts llargs dels hoplites grecs i van adoptar algunes de les seves tècniques de combat.

Tot i que menys organitzats que els romans, els gals gaudien d'una reputació guerrera envejable. Sovint eren contractats com a mercenaris, una prova que no es conformaven tan sols a barallar-se com Obèlix. Brillants treballadors dels metalls, també forjaven armes força competitives —llances, javelines i espases— i fins i tot van inventar la cota de malla, que duien quan no es barallaven nus. Els romans, bons copiadors i capaços d'aprendre de les seves derrotes, aviat van equipar els seus legionaris amb aquesta jaqueta protectora.

LA PROPINETA: LA TÀCTICA DE LA TORTUGA

Quan es van abatre sobre Grècia, al segle III aC, els gals van restar impressionats pels hel·lens i les seves estratègies sofisticades. Van imitar sobretot una de les seves figures, que consistia a agrupar-se sota escuts acoblats a fi de poder avançar a l'abric de les fletxes. Els romans ho van veure fer als gals i van millorar el procediment. Així, en un divertit viratge de la situació, la tortuga es va convertir en una formació emblemàtica de les legions romanes.

LES VIRILS AMISTATS GAL·LES EREN A VEGADES AMOROSES

VERITAT

Gals gais? Quina idea tan estranya! Tanmateix, lluny de la imatge del guerrer ferotge, viril i conqueridor que es construí a França al segle XIX, sembla que durant les llargues campanyes a molta distància de les seves dones i de la llar, als camarades de batalla els agradava reconfortar-se tendrament entre homes per recuperar-se de la ferocitat dels combats.

Així mateix, és probable que el trinomi de cavallers —un cap de fila i dos ajudants— anomenat *trimarkisia* es prolongués a la intimitat dels llençols. Els tres grandolassos dormien junts, oferint-se mútuament el cos com a mostra de solidaritat. Rebutjar aquestes relacions podia veure's com un afront.

Les pràctiques homosexuals d'aquests guerrers tenien un component iniciàtic, sens dubte exacerbat per la solitud, la distància i la probabilitat de morir en qualsevol moment, però també per la complicitat, els impulsos i, segur, el desig. Als grecs, que valoraven els plaers pederàstics amb joves efebs, els ofenia que dos homes adults i iguals poguessin tenir aquest tipus d'atracció. Això no va fer més que reforçar la imatge bàrbara que tenien dels gals, combatents irreductibles que, sota el seu tors poderós, podien deixar bategar un cor dolç i amorós. I en el cas d'Astèrix i Obèlix, del tot platònic.

ELS BARDS GALS EREN ESCOLTATS, APRECIATS... I TEMUTS!

VERTADER

Així com els enemics dels gals temien el so del càrnix, la poderosa trompa que anunciava les batalles, els savis grecs com Estrabó, Diodor o Posidoni evoquen amb emoció la música dels bards celtes, sens dubte amb l'esperança que pogués suavitzar els costums d'aquests temibles bàrbars. Com els druides i els *vates*, especialistes en sacrificis i endevinació, els bards tenien una funció sagrada en les tribus gal·les. Ningú s'hauria arriscat a irritar els déus emmordassant un d'aquests poetes divins, un trauma que el pobre Asseguranҫatòrix pateix massa sovint.

Gratant la lira, els bards cantaven himnes, recitaven llegendes, tocaven a les festes populars i posaven el ritme a les cerimònies religioses. Dispensats de lluitar, acompanyaven també les campanyes de guerra, i amb el seu cant apel·laven a la clemència dels déus i la salvació de les ànimes.

De tornada, els bards podien lloar l'heroisme d'un senyor de la guerra, però també censurar-lo amb una sàtira prou convincent com per esfondrar una reputació. La seva capacitat de fer mal atemoria els prínceps gals, per això tractaven molt bé aquests cantautors reconsagrats.

LA PROPINETA: DANSA GAL·LA

No n'hi ha testimonis, però és d'allò més probable que alguns rituals religiosos es fessin dansant i que, al final d'un banquet ben regat, la música d'un bard fes moure els esquelets gals. Això sí, l'*square dance* dels mostatxuts del primer àlbum d'*Astèrix* sembla altament improbable.

Astèrix el gal

LA GÀL·LIA JA ERA EL PAÍS DE LA MODA

VERTADER

França deu una part de la seva fama d'elegància i bon gust als nostres suposats ancestres. Segons els historiadors Timàgenes i Diodor, ningú a la Gàl·lia portava parracs i fins i tot els modestos camperols tenien bona presència amb la roba que duien, de teixits simples i tints sobris. Als gals i les gal·les els agradava posar-se collarets i braçalets, però només els més rics tenien accés a les joies valuoses, a les millors teles de lli o de llana i a les sargues tornassolades. Perquè els gals apreciaven els colors vius, així com les ratlles i els quadres, que no dubtaven a realçar amb passamaneria, pells i brodats fets, a vegades, amb fil d'or.

Tanmateix, no deixaven de banda la comoditat. Les *braccae* (en gal, *braca*), subjectades a la cintura amb un cinturó i ajustades als turmells, són típicament celtes. Són el preludi dels nostres pantalons moderns i eren més pràctiques que la toga o la faldilla al camp, tant de blat com de batalla, i també per muntar a cavall.

Per això, el nou *look* d'Obèlix com a nou ric és creïble: tot i pujar de nivell, continua portant les bragues tan pràctiques i les ratlles que afinen la silueta. Un detall superflu, perquè ja està força rodanxó.

LA PROPINETA: LA TORCA AL COLL

Collaret celta, símbol de prestigi, la torca era un privilegi de les persones importants. Dut al combat, conferia al guerrer el suport dels déus. Fet de ferro, bronze o fins i tot d'or per engalanar els morts, aquest collaret més o menys treballat també el portaven les dones. Un altre element unisex era la fíbula, un fermall que subjectava la roba, perquè encara no s'havien inventat els botons ni les cremalleres.

MOLTS GALS ES VAN FER GLADIADORS

VERTADER

Astèrix gladiador

Els ferotges guerrers gals eren molts apreciats per les *ludi*, les escoles de gladiadors. Format a la de Càpua amb el cèlebre Espàrtac, el gal Crix va participar en la revolta reprimida violentament el 71 aC. Roma també tenia els seus *ludi*, on un *lanista*, el mestre d'armes, formava els *novicii,* o aprenents, als *munera*, els combats de gladiadors. Els gladiadors podien ser condemnats a mort o bé homes lliures atrets per aquest esport extrem, però el gros de les tropes —no, no és Obèlix— el constituïen esclaus. Cèsar va portar a Roma desenes de milers de presoners gals i molts van prendre el camí de l'arena, i fins i tot van donar nom a una categoria de gladiadors.

Depenent de la predisposició de cadascun, el *lanista* distribuïa els rols, les armes i els vestits. Així, els mirmil·lons, els reciaris i els secutors estaven equipats de manera ben diferenciada i brandaven, respectivament, un punyal, una xarxa i un trident, i una espasa. Alguns gladiadors podien portar proteccions, com l'andabat, un casc de ferro que els protegia, però que no tenia obertures per als ulls i, per tant, havien de lluitar a cegues. Eren uns bromistes, aquests romans!

Els presoners de guerra —gals o no—, que havien de combatre per força, acabaven apunyalats o degollats seguint la comminació de la multitud amb el polze cap avall. En canvi, als gladiadors professionals, com als atletes d'alt nivell, se'ls tractava bé.

Astèrix, la rosa i l'espasa

LA PROPINETA: GLADIADORES DE XOC

Cap dona es va enrolar a la legió, però algunes sí que van combatre a l'arena. Al segle III, les gladiadores van ser púdicament apartades de l'amfiteatre. L'adveniment del cristianisme va prohibir les *munera* masculines el 418, posant així fi a set segles de massacres.

VERCINGETÒRIX LLANÇÀ ORGULLOSAMENT LES SEVES ARMES ALS PEUS DE CÈSAR

FALS

L'escut arvern

Testimoni directe i únic narrador de la *Guerra de les Gàl·lies*, Juli Cèsar va escriure una frase que crearia polèmica: «*Vercingetorix deditur, arma proiciuntur*». Els llatinistes discuteixen sobre el sentit d'aquesta fórmula lapidària, que clou la batalla d'Alèsia, des de fa més de 2000 anys. La traducció usual «Vercingetòrix s'ha rendit, les armes s'han llençat» deixa entendre que va ser conduït lligat davant de Cèsar abans que els assetjats llencessin les armes des de les muralles. Per això, no va poder tirar les armes com si res als peus del seu vencedor com en *L'escut arvern*, i encara menys galopar fins al campament romà orgullosament muntat sobre un cavall blanc, com al famós quadre que Lionel Royer va pintar el 1899 (Museu de Puy-en-Velay). Goscinny i Uderzo van donar una versió menys gloriosa de la rendició de Vercingetòrix, i sens dubte més propera a la realitat.

La Residència dels Déus

El cert és que, després de passar sis anys a les garjoles romanes, el rebel arvern va ser dut penosament a la processó triomfal de Cèsar, per ser escanyat a l'ombra d'una cel·la l'any 46 aC i deixat sense sepultura.

LA PROPINETA: PERÒ ON ÉS ALÈSIA?

Per amagar la derrota o per ignorància xovinista, el lloc de la històrica batalla que va segellar la fi de la Gàl·lia va romandre en l'oblit durant molt temps. Després d'unes excavacions realitzades el 1861 a Alise-Sainte-Reine, no gaire lluny de Dijon, Napoleó III decretà que Alèsia era borgonyona. Per exaltar el mite de la resistència gal·la, va fer edificar una estàtua imponent a l'indret on se suposa que hi havia l'*oppidum*, actualment confirmat per investigacions recents. Això no impedeix que altres viles es proclamessin «seu d'Alèsia».

L'escut arvern

HI HAVIA VERITABLES IRREDUCTIBLES GALS

VERTADER

Si bé, sorprenentment, Juli Cèsar no va fer cap al·lusió a Astèrix a la *Guerra de les Gàl·lies*, una obra de referència sobre aquest tema, va reconèixer el coratge d'alguns gals que van intentar resistir a les seves legions. Com més havia lluitat l'enemic, més augmentava la seva derrota el prestigi del vencedor, vertader objectiu de la prosa cesària que va construir la llegenda del seu autor. Tanmateix, es manifesta un punt d'irritació quan Juli Cèsar recorda el cas d'Ambiòrix, que resistí un i altre cop l'invasor.

L'any 54 aC, aquest cap dels eburons, poble de la Gàl·lia belga assentat entre el Mosa i el Rin, infligí als romans una amarga i sagnant derrota a Aduatuca, a prop de l'actual Namur, on va exterminar una legió sencera. A diferència de Vercingetòrix, Ambiòrix va escapar a les tropes romanes enviades a perseguir-lo, gràcies a vegades a una sort inexplicable. Enfurismat pels trucs del fugitiu, que probablement trobà refugi entre els germànics, Cèsar va fer massacrar tots els eburons i arrasà el seu territori. No s'havia de fer empipar en Juli...

Malgrat el martiri del seu poble desaparegut, el nacionalisme romàntic del segle XIX va convertir Ambiòrix en l'equivalent belga del nostre Vercingetòrix. Amb la diferència que aquell va tocar el dos...

LA PROPINETA: NOM DE SENGLAR

Segons l'eminent arqueòleg especialitzat en el món celta Venceslas Kruta, «eburons» derivaria del protocelta *eburos*, que significa... senglar! Això no desplauria Obèlix. Ara bé, altres etimòlegs creuen que el nom d'aquest poble significa «cultivador de teix». Cap prova històrica ens permet decantar-nos per un o altre.

JULI CÈSAR SEMBRÀ LA ZITZÀNIA A LA GÀL·LIA

VERTADER

Aplicant la famosa divisa *Divide et impera* («Divideix per regnar» o, com solem dir, «divideix i venceràs»), Cèsar va saber molt bé com atiar les rivalitats gal·les per preparar la seva conquesta. Sense haver de recórrer a cap equivalent de Detritus, el nociu individu verdós de *La zitzània*, Cèsar seduí o amenaçà alguns gals, afalagant-ne uns i mentint als altres, va posar els primers contra els segons i manipulà tothom per aconseguir els seus propòsits. Després d'haver constatat a la *Guerra de les Gàl·lies* que «totes les ciutats, tots els cantons, fins i tot es pot dir que totes les famílies estan dividits en partits rivals», només va haver de bufar sobre les brases de la discòrdia perquè la Gàl·lia caigués en el seu parany.

Així, a part d'algunes excel·lents victòries militars, la campanya de Cèsar es resumeix essencialment en promeses més o menys acomplertes, a acords més o menys justos i a submissions més o menys forçades. Entre els anys 58 i 52 aC, Cèsar va conquerir tota la Gàl·lia, aprofitant el suport dels amics, castigant els enemics i tallant les mans dels últims rebels d'Alèsia.

LA PROPINETA: BARALLES GAL·LES

Famosos per ser propensos a moure brega, els gals es podien barallar per motius tan insignificants com la frescor d'un peix o la veu del bard. Una paraula fora de lloc o una mirada de biaix podien espatllar el final d'un banquet ben regat. Les tribus també alimentaven greus rancúnies contra els veïns. Així, abans de trobar-se a Alèsia, els hedus lluitaven sovint contra els arverns, el clan de Vercingetòrix.

LA GUERRA DE LES GÀL·LIES VA SER TAMBÉ UNA BATALLA NAVAL

VERTADER

El tràngol d'Obèlix

L'any 56 aC, Juli Cèsar gestionava tranquil·lament els seus assumptes polítics romans pensant que l'Armòrica estava sotmesa i en calma. Però els vènets, la poderosa tribu gal·la del golf de Morbihan, es van rebel·lar. Conscients del seu avantatge, els vènets esperaven els romans decidits a resistir a l'interior de les ciutadelles fortificades, situades en penínsules i protegides a la banda de terra per les maresmes i a la banda de mar pels esculls del golf que coneixien a la perfecció.

Cèsar sabia que els robustos velers de roure dels vènets eren més resistents al mal temps i al fons de l'oceà que les seves galeres, pensades per a la Mediterrània. Pitjor encara, l'alçària i la solidesa dels cascos gals dificultaven l'envestida.

La batalla va començar malament per a Juli. La seva flota, escomesa pels velers vènets, s'enfonsava. Però, un cop més, els déus de la guerra estaven de la seva banda. De sobte, el vent va parar i els vaixells gals van restar immòbils. Aleshores les galeres romanes s'ho van passar bomba enviant al fons de la mar els velers enemics, incapaços de navegar. Després, els vènets van ser executats o venuts com a esclaus i el seu territori repartit entre les tribus veïnes que havien col·laborat amb Roma.

LA PROPINETA: *GALS A LA MAR!*

Coneguts més aviat com un poble de terra, els gals eren també uns navegants excel·lents. Totes les tribus que habitaven a la vora de la mar tenien una petita flota destinada a la pesca i al comerç. Eren uns sòlids vaixells de roure, força semblants als *drakkars* vikings.

JULI CÈSAR I ASTÈRIX PARLAVEN LA MATEIXA LLENGUA

FALS

Astèrix el gal

Com és natural, els romans s'expressaven en llatí i els gals en gal, una llengua celta amb variants locals. Alguns romans cultivats, com Juli Cèsar, també parlaven grec, però pocs dominaven la llengua de Vercingetòrix.

Durant la conquesta cesària del segle I aC, els gals del sud, que s'havien unit a la puixança romana unes dècades abans, servien de traductors a les legions que s'enviaven cap als seus veïns del nord. Roma no es preocupava de preservar les cultures locals i només parlava en llatí o en grec. Als conquerits els tocava adaptar-se. Un cop integrat tot el territori, el llatí es va convertir en la llengua oficial de totes les Gàl·lies. Aquest llatí seria la base del francès, que no obstant això conserva algunes arrels celtes.

Sense el multilingüisme del culte Panoràmix, el diàleg —naturalment difícil amb Cèsar— no hauria estat possible. Perquè, com a bon irreductible, Astèrix refusava les declinacions i preferia la rosada i el rosat al *rosa-rosae-rosam*.

LA PROPINETA: LLENGUA AMB SALSA CELTA

El gal és una de les llengües celtes «continentals» actualment desaparegudes i molt poc conegudes perquè no n'hi ha gaires testimonis escrits. Però algunes parles celtes, anomenades «insulars», han sobreviscut al pas dels segles. Les variants del gaèlic perduren a Escòcia i a Irlanda, mentre que el gal·lès, com el bretó, és un cèltic britònic. De tota manera, l'anglès és la llengua més parlada. Excepte pels bretons.

Astèrix i els pictes

SEGONS CÈSAR, ELS BELGUES EREN ELS GALS MÉS VALENTS

VERTADER (PERÒ FALS)

A la *Guerra de les Gàl·lies*, on relata la seva conquesta i canta la seva glòria, Juli Cèsar escriu que «els belgues són els més valents de tots els pobles de la Gàl·lia». Aquesta petita frase que hauria irritat profundament Abraracúrcix i motivat una excel·lent aventura d'Astèrix, serví també als interessos, no sempre molt nobles, del nacionalisme belga.

Amb tot el respecte pels súbdits del regne, cal matisar la citació de Cèsar. D'entrada, acabant-la: «perquè [els belgues] són aliens a l'educació i la civilització romanes». Per al general, lloar la seva valentia consistia, doncs, a retornar-los al seu estatus de bàrbars, ben lluny de la «vertadera cultura».

D'altra banda, per als romans, el coratge no era la qualitat principal d'un combatent. Cèsar assenyala també que els belgues «es llancen al combat sense una estratègia coherent». Una heretgia per a un teòric de la guerra que confiava en la disciplina, la solidaritat i l'entrenament dels seus soldats professionals. Quan hom és organitzat, no cal ser salvatge. A més, els belgues no van resistir durant gaire temps les legions de Cèsar, que així va poder continuar escrivint la seva llegenda.

LA PROPINETA: ELL ERA EXTRAORDINARI

Els autors d'*Astèrix* es diverteixen fent parlar Cèsar de si mateix en tercera persona del singular. Efectivament, a la *Guerra de les Gàl·lies,* Juli Cèsar apareix com un dels personatges de la saga. Al principi es tractava d'informes de campanya més aviat formals, destinats a donar a conèixer al Senat les operacions. Però quan el 51 aC decidí publicar les seves proeses, Cèsar probablement va maquillar una mica les coses i va conservar el pronom «ell» volent dir «jo».

La Residència dels Déus

A LA LEGIÓ ROMANA HI HAVIA GALS

VERTADER

Astèrix legionari

Segons la llei, calia ser ciutadà romà per formar part de la legió, que l'emperador August professionalitzaria. Els aliats d'altres orígens només podrien aspirar a un estatus d'auxiliars. Durant les guerres civils que lliurà contra Pompeu, Juli Cèsar va eludir la condició de la ciutadania i creà la 5a legió, anomenada «alosa». Hi va enrolar gals transalpins, és a dir, sotmesos a Roma però encara no romans, que li havien fet costat com a auxiliars durant la seva campanya contra Vercingetòrix. Sota l'Imperi, el procés de reclutament es va simplificar algunes vegades acordant concedir la ciutadania a qui volgués unir-se a la legió. La guerra té les seves raons.

La incorporació d'Astèrix, en canvi, sembla poc probable. A part d'haver d'acceptar una disciplina fèrria, cosa que naturalment era un problema per a un gal irreductible, l'aspirant a legionari havia de ser robust, a més de parlar llatí, tenir entre 18 i 21 anys i, sobretot, mesurar més d'1,65 metres. Amb tots els respectes...

LA PROPINETA: L'EXÈRCIT EN CÒMIC

L'any 113, l'emperador Trajà va fer dibuixar la seva victòria a Dàcia (l'actual Romania) a la columna de Roma que porta el seu nom. Al voltant de la pedra, aquests magnífics baixos relleus mostren les proeses de les legions, que es narren en 155 escenes, com vinyetes d'un còmic gravades en marbre. El desenllaç, que culmina a gairebé 40 metres d'altura, no és gaire fàcil de llegir.

El combat dels caps

ASTÈRIX HAURIA POGUT SER CAMPIÓ OLÍMPIC

FALS

Creats, segons la llegenda, a Olímpia pel semidéu Hèrcules, molt acalorat després dels dotze treballs, els primers jocs van tenir lloc durant una setmana de l'estiu del 776 aC, i a partir de llavors, cada quatre anys. Només podien participar en aquesta manifestació esportiva dedicada a Zeus, pare del fundador, els ciutadans homes i lliures d'una ciutat grega. Aquesta restricció prohibia, doncs, que pogués haver-hi una delegació gal·la.

Després de conquerir Grècia al segle II aC, els romans van obtenir el privilegi de poder participar en els prestigiosos jocs olímpics. Els gals, que es van convertir en ciutadans de la República de Roma cent anys més tard, teòricament haurien pogut participar en les proves. Obèlix hauria destacat en el llançament de menhir i Astèrix, després d'un got ple de poció, s'hauria ventilat la competició de boxa, on el dopatge, òbviament, estava prohibit. Tanmateix, no hi ha cap font que doni testimoni de la presència de gals en uns jocs olímpics.

L'any 394, l'emperador Teodosi I va suprimir els jocs i les festes paganes d'Olímpia per complaure l'Església catòlica, que començava a ser molt influent. Quinze segles més tard, el 1896, el baró de Coubertin va organitzar el renaixement dels jocs olímpics moderns a Atenes.

LA PROPINETA: ESPORTS ANTICS

Durant la intensa setmana olímpica, els atletes s'enfrontaven a una sèrie de proves, la majoria completament nus. Practicaven la cursa a peu o a cavall, el llançament de disc o de javelina, el salt d'alçada o de llargada. Els competidors també es desafiaven a la lluita lliure i al pancraci, una boxa que avui es qualificaria d'extrema, ja que l'únic prohibit era ficar els dits als ulls. Ai!

LA ITÀLIA DE CÈSAR ERA UN MOSAIC DE POBLACIONS REBELS

FALS I VERTADER

Astèrix a Itàlia

La bota italiana acollia nombrosos pobles, com ara els etruscos, que van governar la regió de Roma entre els segles X i V aC. Però va haver-hi altres ètnies —els vènets i els lígurs al nord, els samnites i els apulians al sud, sense comptar els grecs i els cartaginesos— que van ocupar algunes regions de la península. Si bé quan Astèrix hi passa el 50 aC totes estaven sotmeses, més o menys voluntàriament, al jou romà, les cicatrius dels conflictes violents encara estaven tendres.

Des de la seva fundació, Roma va tenir l'obsessió d'estendre el seu territori. L'any 272 aC, la presa de la colònia grega de Tàrent i després la de Sicília durant la primera guerra púnica (264-241 aC) van ser decisives. Roma es va annexionar purament i simplement algunes ciutats, i signà tractats amb altres regions. En convertir-se en *socii* (aliats), aquests pobles conservaven una relativa independència, però en general quedaven exclosos de la ciutadania romana.

Pels voltants de l'any 200 aC, la República va empènyer cap al nord i conquerí Ligúria i la Gàl·lia Cisalpina. L'any 90 aC, mentre controlava les revoltes dels *socii* durant les terribles «guerres socials», va haver de concedir la ciutadania a tots els italians, i Roma continuaria la seva expansió i construiria aviat un Imperi.

LA PROPINETA: ELS ETRUSCOS, REIS DE ROMA

Delimitant un lloc i matant el seu germà, el llatí Ròmul fundà Roma i en va ser el primer rei el 753 aC. Però el cert és que la ciutat deu molt als etruscos. Ells van excavar la *Cloaca Maxima*, una gegantina claveguera que va domesticar el curs del Tíber. També van proporcionar a Roma tres dels seus set reis. El darrer, Tarquini el Superb, va ser destituït per haver violat una noia llatina. La seva caiguda l'any 509 aC va provocar l'inici de la República romana, que dominaria els etruscos 150 anys més tard.

LES LEGIONS DE CÈSAR LLUITAVEN CONTRA ALTRES LEGIONS

VERTADER

Astèrix legionari

Les nombroses guerres civils que van sacsejar la República romana durant els últims temps donen tot el sentit a la famosa cantarella d'Obèlix.

Un dels conflictes entre romans més famosos va enfrontar el 48 aC les legions de Pompeu amb les de Cèsar. Uns quants anys abans, mentre Cèsar triomfava sobre Vercingetòrix, Pompeu es feia nomenar cònsol i governava Roma amb el títol de príncep, cosa que va enutjar Juli profundament. La mort de Júlia, filla de Cèsar i muller de Pompeu, els va alliberar de qualsevol escrúpol familiar. Malgrat la prohibició d'entrar a Roma amb el seu exèrcit, Cèsar «va creuar el Rubicó», un petit riu que feia de frontera simbòlica d'Itàlia, llançant el seu famós «*Alea jacta est*». Els daus estaven tirats, efectivament, i la guerra podia començar. Tot i que civil, seria despietada.

Cèsar es va endur les primeres victòries sobre les legions de Pompeu a Itàlia i a Hispània. Encara que tenia inferioritat numèrica, el 48 aC va guanyar, entre altres, la batalla estratègica de Farsàlia, a Macedònia. Pompeu va haver de fugir a Egipte, on va ser assassinat. Després, Cèsar va eliminar els seguidors de Pompeu, entre els quals Pius Escipió, que fou derrotat dos anys més tard a Thapsus, a l'actual Tunísia. Llavors va regnar tranquil·lament sobre Roma fins a l'any 44 aC, on va ser també assassinat. L'any 27 aC, després d'altres homèriques batalles entre legionaris, l'adveniment de l'Imperi va portar la pau romana.

EL SENAT ROMÀ TENIA TOT EL PODER

FALS

Obèlix i companyia

Després de deposar el darrer rei, els romans van confiar les regnes de les seves institucions a una república bastant elaborada, amb un funcionament que evolucionà al llarg dels segles. Si bé el lema romà deia conferir el poder al Senat i al poble, sovint els senadors no eren més que un dels engranatges de la maquinària de govern.

El complex sistema polític de Roma es basava en assemblees: els comicis. Cada un tenia unes determinades prerrogatives i elegia un tipus de magistrat, que seguia la via jeràrquica del *cursus honorum* per accedir al poder suprem. Començaven sent qüestors, encarregats del Tresor; després podien ser edils, responsables de la xarxa vial, abans de postular-se a una magistratura superior i ser pretors, amb competències jurídiques; i finalment, cònsols, nomenats per a un any pel Senat. Aquesta assemblea consultiva, composta per nobles rics i generals eminents, teòricament s'encarregava dels afers diplomàtics. Però els que eren vertaderament poderosos eren els cònsols, que dominaven l'exèrcit.

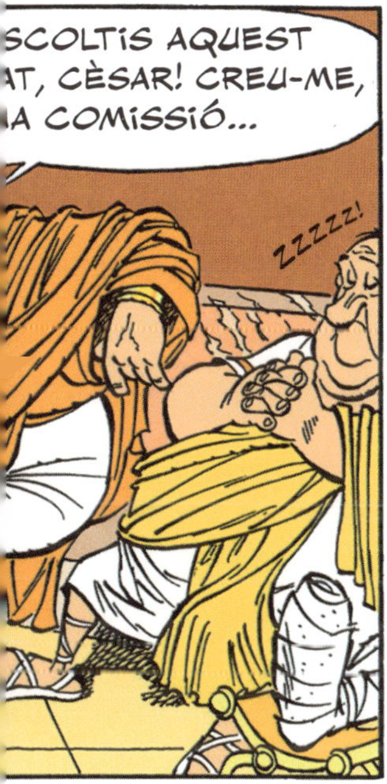

Al marge d'aquesta carrera, els tribuns de la plebs defensaven els ciutadans i influïen (una mica) en les lleis, que en principi eren proposades pels magistrats. Amb l'adveniment de l'Imperi, el Senat va perdre una part de la seva aura, però continuà sent una agradable residència d'ancians.

LA PROPINETA: QUÈ ÉS SPQR?

En molts monuments, la inscripció *Senatus Populusque Romanus* glorifica «el Senat i el poble de Roma». Com als francesos dels parisencs, als italians d'avui els agrada burlar-se dels habitants de la seva capital. Així, tradueixen l'abreviatura antiga per «*Sono pazzi questi Romani*», és a dir, «són bojos, aquests romans». Això els acosta al punt de vista d'Obèlix.

TOTS ELS CAMINS PORTAVEN A ROMA

VERTADER

La falç d'or

Els romans van entendre molt aviat l'interès administratiu, militar i comercial de connectar el seu territori amb una xarxa de carreteres eficients, iniciada el 312 aC amb la via Àpia, que comunicava Roma amb Brindisi. Al final del segle I, travessaven l'Imperi 350 vies en una extensió de 100 000 quilòmetres i amb fites cada mil *passuum* (1 480 metres) que indicaven les direccions i conduïen a Roma, el «punt zero» de la xarxa.

Cofinançades pel Senat, les ciutats i els propietaris dels terrenys per on passaven, les carreteres eren gestionades pels *curatores*, no sempre eficaços, com pot comprovar Astèrix a *Astèrix a Itàlia*. Obrers i esclaus s'encarregaven del manteniment i les obres, incloent-hi els ponts i els túnels. Aquests darrers consistien en una rasa pavimentada que cobrien de sorra i després hi col·locaven lloses corbades perquè l'aigua s'hi escolés.

Les vies romanes eren freqüentades sobretot pels vianants. Els poderosos es desplaçaven en palanquins, en carros o a cavall, mentre que els legionaris que es dirigien a una campanya, els venedors ambulants i els ciutadans del comú anaven a peu. Avançaven cantant els *millia passuum* per espantar les bèsties salvatges i anaven en grups per desanimar els bandits.

LA PROPINETA: ELS CARTERS JA EREN FUNCIONARIS

Quan requisen una camioneta de correus, els gals cometen un delicte contra l'Estat i un altre contra la història. De fet, el *cursus publicus* va ser creat per l'emperador August uns anys després de les aventures dels nostres amics. Els carters recorrien a cavall 100 quilòmetres al dia i es recuperaven del cansament a les *mansio*. Aquests albergs estaven indicats als mapes de carreteres i proporcionaven allotjament, aliment i cavall nou.

ELS ROMANS EREN ELS REIS DEL DRET

VERTADER

Els llorers del Cèsar

Així com els grecs van inventar la política i la democràcia, la justícia moderna es basa en la brillant legislació romana.

La història de la llei comença el 451 aC, amb la redacció de les Dotze Taules. Aquestes regles simples que tenien com a origen els usatges van posar les bases jurídiques de la vida en societat. Per exemple, la taula número 8 proclama que «qui trenqui els ossos d'algú altre amb la mà o amb un garrot haurà de pagar 300 sestercis, i 150 per un esclau». Aquesta legislació primitiva va evolucionar cap a un dret universal, gradualment enriquit pels juristes romans. El seu *corpus* de textos distingia els delictes comuns (homicidi, robatori, segrest, etc.) dels delictes contra l'Estat (corrupció, traïció, etc.).

En els judicis es confrontaven la defensa i l'acusació, que exposaven el cas al jurat que havia de decidir per majoria. Malgrat el suposat desig de justícia, la sentència es modulava en funció del culpable. Així, la pena capital d'un home ric es convertia sovint en exili, mentre que un esclau, en cas que es prenguessin el temps de jutjar-lo, tenia tots els números de perdre el cap o acabar clavat en una creu.

LA PROPINETA: CICERÓ, UNA FIGURA DE LA JUSTÍCIA

Gran jurista i home polític, Ciceró es va donar a conèixer als tribunals. Amb una sèrie de discursos punyents, les *Catilinàries,* aquest brillant orador va desfer el cop d'estat que el senador populista Catilina fomentà el 63 aC. Els textos de Ciceró són testimoni de la seva eloqüència, que els juristes contemporanis continuen apreciant.

ALGUNS ROMANS EREN MOLT, MOLT, MOLT RICS

VERTADER

Per viure a la Roma de l'any 50 aC, calia disposar d'un mínim de 600 sestercis a l'any, més o menys el salari d'un obrer. Tot i que alguns menestrals es guanyaven la vida prou bé, els membres dels pocs centenars de famílies de l'aristocràcia romana menyspreaven el treball manual. Al llarg dels segles, gràcies a aliances, conquestes i la mà d'obra gratuïta dels esclaus a les seves propietats gegantines, certes famílies havien acumulat fortunes colossals.

Per postular-se a càrrecs importants de l'Estat i del Senat, era imprescindible tenir 400 000 sestercis. Aquesta condició va accentuar la reproducció de les elits i deixà el poder a una minoria rica i no sempre honesta, que governava a la seva manera i al seu profit.

Cras, que s'alià amb Cèsar i Pompeu per dominar el joc polític, disposava de més de 200 milions de sestercis. Aquest romà riquíssim pagaria un preu molt alt per la seva cobdícia llegendària: després de caure derrotat contra els parts el 52 aC, els seus vencedors el van obligar a empassar-se or fos. Irònica imatge de l'*Auri sacra fames*, «l'execrable fam d'or», que Virgili deplorava.

LA PROPINETA: MONEDES, MONEDES, MONEDES

Després de pagar durant molt temps amb bestiar i amb lingots de bronze, al segle IV aC els romans es van dotar d'un sistema monetari inspirat en els grecs. Un *aureus* valia llavors 25 denaris, és a dir, 100 sestercis o 400 asos. Un legionari guanyava 75 sestercis mensuals (no havia de pagar menjar ni habitatge) i un centurió més de 1 000. Què feien els sindicats?

ENCARA QUE PROVISIONAL, UN CAMPAMENT ROMÀ ESTAVA PERFECTAMENT ESTRUCTURAT

VERTADER

Astèrix legionari

Els legionaris en campanya eren alhora combatents i constructors. A cada etapa, edificaven un campament que l'historiador Polibi va descriure envoltat d'un fossat i amb una palissada de fusta. Els campaments solien ser quadrats o rectangulars, però també podien tenir una altra forma, en funció del terreny. Tenien quatre portes, custodiades per sentinelles, que només s'obrien a qui coneixia la contrasenya.

Un carrer principal, tallat per dos de perpendiculars, estructurava i delimitava les diferents zones del campament. En un dels quadrats hi havia el quarter general. Aquí es trobaven les tendes dels comandants i dels intendents, i també l'armeria i els altars dels déus protectors. En aquest fòrum, els homes venien a reunir-se i a rebre les ordres, abans d'un sopar ràpid i d'un repòs ben merescut, a les tendes on dormien en grups de vuit, sempre preparats per saltar en cas d'alerta.

A vegades, el campament només s'utilitzava una sola nit. Al matí, abans de marxar, s'havia de destruir. Els legionaris en construïen un altre de semblant, 30 quilòmetres més enllà. I així successivament, fins a la lluita final.

LA PROPINETA: LEGIONARIS JUBILATS

Si bé la legió no es retirava mai, els legionaris sí que ho feien. Els soldats que sobrevivien a dues dècades o més de campanya sense deshonor rebien una *missio honesta*, és a dir, un tros de terra i un petit peculi. Però, com en l'àlbum, aquest «regal del Cèsar» no sempre ho era. Tàcit parla de jubilats exiliats ben ingratament «al fang de les maresmes o als terrenys erms de les muntanyes».

El regal del Cèsar

LES LEGIONS DE JULI CÈSAR VAN CONQUERIR ANGLATERRA

FALS

Astèrix a Bretanya

Igual que el poble liderat per Abraracúrcix, «Bretanya» (avui «Gran Bretanya») va resistir bastant bé a l'invasor Juli Cèsar. Després d'una arriscada primera expedició de reconeixement el 55 aC, va tornar-hi amb força l'any següent. Però van travessar el canal de la Mànega amb forta maror i nombroses galeres es van enfonsar abans d'arribar a la costa de Dover. Els romans, rebuts amb una pluja de javelines britàniques, es van veure obligats a desembarcar més al nord, en una badia ubicada en un lloc desconegut durant molt temps. La recent construcció d'una carretera a la badia de Pegwell, a Kent, ha resolt el misteri. Durant les excavacions van sortir a la llum fortuïtament peces de ceràmica, espases i llances que confirmarien el que va contar Cèsar i el seu desembarcament al segle I aC.

Encara que guanyà algunes batalles i obtingué la rendició de Cassivellaune, cap dels britons, Cèsar se'n va anar d'Anglaterra sense deixar-hi una implantació duradora.

LA PROPINETA: EL MUR DELS ROMANS

Entre els anys 43 i 84, els romans van aconseguir per fi conquerir el sud d'Anglaterra. Per contenir els pictes del nord, els emperadors Adrià i Antoní van fer construir, respectivament el 122 i el 142, unes muralles que dividien Anglaterra d'est a oest. La primera, d'una longitud de 118 quilòmetres, va aguantar fins a la caiguda de l'Imperi i els seus vestigis van inspirar George R. R. Martin per al mur de *Joc de Trons*.

Astèrix i els pictes

ELS «GRANS BRETONS» JA JUGAVEN A RUGBI

FALS

Astèrix a Bretanya

La llegenda diu que aquest esport, sens dubte britànic, va ser inventat per William Webb Ellis, molt després de la visita d'Astèrix a Bretanya. Al segle XIX, mentre estudiava a la ciutat de Rugby, Ellis va tenir una idea esbojarrada durant un partit de futbol: agafar la pilota amb les mans i emportar-se-la darrere de les línies rivals. Quin xoc! El gest va fer escola i de seguida es van posar les bases teòriques d'aquest joc.

Els anglesos reclamen ben legítimament la creació d'aquest «joc de trinxeraires practicat per *gentlemen*», però les pilotes ja es tocaven amb els peus i amb les mans molt abans que el World Rugby, la federació internacional, promulgués les seves regles.

Els francesos de l'edat mitjana jugaven a la *soule*, possible avantpassat del rugbi, igual que els gal·lesos practicaven el *cnapan* i els irlandesos, fornits amb un estic, el *hurling*. Si bé no hi ha rastre d'antics jocs britons, els grecs es dedicaven a la *phaininda*, que els romans van adaptar com *harpastum*.

LA PROPINETA: ELS ESTRALLS DEL DOPATGE

La poció màgica, com qualsevol producte dopant, estava prohibida als jocs olímpics. Els tramposos s'arriscaven a rebre fuetades i multes, destinades a finançar les estàtues de bronze que s'aixecaven a l'entrada de l'estadi. Aquestes sancions no impedien que alguns atletes s'atipessin de carn i tonificants, com ara l'alcohol, per millorar el rendiment. Sense garanties de bons resultats.

ELS GOTS SÓN ELS ANCESTRES DELS ALEMANYS

FALS

Astèrix i els gots

Encara que s'inclouen en el vast grup dels pobles germànics, els gots són encara menys avantpassats dels alemanys que els gals dels francesos. Els nostres veïns de l'altra banda del Rin són el resultat de múltiples barreges, invasions i migracions, incloent-hi, és clar, algunes llavors germàniques. Així doncs, tenen una mica d'ADN dels gots, però molt després del 50 aC.

Perquè els gots, en tant que gots, només van entrar a la història a partir de l'any 250, quan van devastar la Dàcia (actual Romania). Això exclou la possibilitat, històrica i geogràfica, de trobar-se amb Astèrix. Originaris de la regió del Vístula, es van dividir en ostrogots i visigots. Els primers es van estendre cap a l'est i els segons cap a l'oest. Al segle v, l'arribada del famós Àtila i la seva banda d'huns va precipitar la caiguda de l'Imperi romà. Els ostrogots es van refugiar a Itàlia, mentre que els visigots van formar un efímer regne a Espanya i Aquitània, ben lluny d'Alemanya. Tot plegat durà poc temps. Europa encara tenia per davant diversos centenars d'anys per organitzar-se.

LA PROPINETA: *GOTS DE L'EST I GOTS DE L'OEST*

El tercer àlbum de Goscinny i Uderzo va aparèixer el 1963, en plena guerra freda. Dos anys abans, s'havia aixecat el mur de Berlín per dividir Alemanya en dos camps antagonistes: la RFA (capitalista, a l'oest) i la RDA (comunista, a l'est). Per la seva banda, la guerra dels gots, que els gals van desencadenar i després van observar burletes, no té res de freda. Es tracta d'una càlida referència dels autors a aquest període de la història.

LES MARS DE L'ANTIGUITAT ESTAVEN INFESTADES DE PIRATES

VERTADER

Astèrix gladiador

Els pirates, que existien des de la llunyana època de l'aparició de la navegació comercial, no eren sempre (o sigui, mai!) tan amables com els que els gals fan naufragar sistemàticament. Però l'oportunista República romana va tolerar durant molt temps la presència d'aquests bandits mariners que la fornien d'esclaus.

Els poderosos col·lectius pirates no van saber frenar les seves ambicions. Per exemple, un d'ells va arribar a abordar la galera de Cèsar, que va ser alliberat a canvi d'un rescat. L'any 67 aC, l'atac d'Òstia, el port de Roma, va ser la gota que va enfonsar la pirateria. El Senat romà va dictar unes lleis contra aquells que Ciceró anomenava *communis hostis omnium* («l'enemic comú de tots») i la caça va començar.

El general Pompeu va rebre els mitjans necessaris per desembarassar les aigües d'aquests intrusos. Amb 500 galeres i més de 120 000 homes, va partir contra el miler de vaixells pirates que hi havia a la Mediterrània. Va ser un atac ràpid, i més sagnant que els d'Obèlix. Els pirates que no van ser decapitats o crucificats van canviar d'ofici...

Irònicament, Sextus, el fill de Pompeu, es va dedicar més tard a la pirateria. Però no es va unir a la tripulació d'en Barba Roja.

LA PROPINETA: NOTHICANSIS, PIRATA O COMERCIANT?

Venedor extraordinari, home de negocis molt ocupat i empresari precoç de la globalització, Nothicansis condueix de manera brillant el seu navili fenici. Aquest gran poble mariner va contribuir molt al transport de mercaderies a la conca mediterrània durant tot el primer mil·lenni. Alguns d'aquests temibles comerciants no dubtaven a atacar els vaixells de la competència per apropiar-se de la seva càrrega, que els molt descarats després venien a bon preu.

VA HAVER-HI EMPERADORS GALS A L'IMPERI ROMÀ

VERTADER

Astèrix a Còrsega

Que ens perdoni el desconfiat Ocatarinetabellatxitxix, però va haver-hi emperadors molt abans que Napoleó. Cap dels seus predecessors venia de l'Illa de la Bellesa, com es coneix Còrsega, però alguns dels que van governar Roma eren d'origen (una mica) gal.

Claudi, que va néixer a Lió mentre el seu pare comandava els gals des d'aquesta colònia, fundada el 43 aC per un tinent de Cèsar, va governar l'Imperi de l'any 41 al 54. Tot i que indubtablement i totalment romà, va fer molt per embellir el seu país natal, i per mitjà d'un discurs gravat en bronze a la famosa Taula Claudina, autoritzà que els gals notables seguessin al Senat. La iniciativa no va agradar a Roma i li va costar ser víctima d'un pamflet de Sèneca que li va endossar el malnom d'«emperador gal».

Aquest títol injust i infundat per al pobre Claudi li hauria escaigut més a Antoní Pius. El seu regnat al segle II, al llarg de més de vint-i-dos anys, s'inscriu dintre de l'edat d'or de l'Imperi. La família d'Antoní, romanitzada des de feia molt temps, era originària de Nimes.

LA PROPINETA: UN IMPERI DE LES GÀL·LIES?

Al segle III, es van succeir diversos emperadors, a vegades autoproclamats, abans de ser ràpidament assassinats pel següent usurpador. L'any 260, Pòstum, un general d'origen gal, aprofità la confusió per federar una part de les Gàl·lies i també les actuals Espanya i Anglaterra. No va poder prendre Itàlia, i el seu territori va ser anomenat «Imperi de les Gàl·lies», nom incorrecte perquè més aviat es tractava d'un «Imperi a la Gàl·lia». L'experiment va durar uns deu anys sense revolucionar els codis imperials clàssics. El 270, Aureli va tornar a posar tothom sota la direcció de l'Imperi romà, l'únic, el vertader.

Astèrix el gal

ELS ROMANS ASSETJAVEN AMB MÀQUINES DE GUERRA

VERTADER

El regal del Cèsar

Els soldats d'infanteria sabien maniobrar i combatre en qualsevol terreny, però la seva estratègia favorita consistia a assetjar l'enemic.

Experts en excavar, els legionaris començaven per aïllar la vila encerclant-la amb un sistema de dues muralles: una que prohibia sortir-ne i l'altra que impedia l'entrada de reforços. Aleshores les màquines entraven en acció: la balista semblava una ballesta gegant que projectaven trets (projectils), o bé pedres grosses, mentre que l'escorpió tirava fletxes capaces de foradar les armadures. Gràcies a un sistema de contrapès, l'onagre i la catapulta llançaven enormes pedres o qualsevol altre projectil, a vegades en flames, per debilitar les muralles. A diferència de l'ús que en fa Astèrix, aquestes màquines eren rarament utilitzades per a una evacuació d'emergència.

Quan la moral de l'enemic estava tan minada com les seves fortificacions, els assetjadors atacaven les portes o els fonaments amb un ariet. Si la base de les muralles resistia, els romans, que no es donaven mai per vençuts, llançaven l'assalt final amb l'ajuda d'immenses torres.

El regal del Cèsar

LA PROPINETA: LA GLÒRIA O LA MORT

L'any 70, després que Jerusalem caigués en mans dels romans, uns rebels jueus es van refugiar a la ciutat fortificada de Masada. Durant els set mesos de setge, els romans van construir una rampa d'accés per transportar un ariet enfilat a una torre altíssima i poder foradar la muralla de la fortalesa inexpugnable. En veure's perduts, els defensors de Masada es van suïcidar per escapar a les espases romanes. El seu sacrifici va ser considerat un mite per l'estat d'Israel.

ELS ROMANS NO CELEBRAVEN ELS SEUS TRIOMFS MODESTAMENT

VERTADER

Els llorers del Cèsar

Desfilar pels carrers de Roma després d'una victòria era un tràmit obligat per a aquells que aspiraven a governar. La celebració del triomf era una cerimònia política, militar i religiosa amb uns rituals concrets i que el Senat acordava amb unes condicions determinades. En particular, calia haver matat almenys 5 000 enemics i haver conquerit un territori. La comitiva, encapçalada pels senadors i els magistrats, avançava per la via Sacra amb música i pas solemne. Darrere hi anaven les armes i el botí pres als vençuts, els cartells amb els noms de les regions sotmeses i els animals que se sacrificarien; també es portaven els caps fets presoners i carregats de cadenes. Al davant de les seves legions i de la multitud que l'aclamava, l'estrella del dia desfilava en un carruatge sumptuós, estirat per quatre cavalls blancs.

El general victoriós duia un ceptre de vori i la toga porpra i brodada amb or de Júpiter, però no havia d'oblidar la seva condició de mortal. Per això, un esclau que aguantava la corona de llorer per damunt del seu cap li ho recordava, dient-li a l'orella: «*Hominem te esse memento*» («Recorda que només ets un home»).

LA PROPINETA: UN OBJECTIU, EL BOTÍ

Les conquestes augmentaren el territori, però també la fortuna de Roma. Quan es capturava una ciutat, les riqueses anaven a parar als oficials, en el cas de rendició, i als soldats, si queia després d'una batalla dura. Una manera de motivar les tropes. A part dels béns materials, el botí també l'integraven els vençuts, que eren fets esclaus. Cèsar en va portar desenes de milers com a record de la seva guerra de les Gàl·lies.

L'escut arvern

ES PODIEN TROBAR ESCLAUS «FRESCOS» ALS MERCATS DE ROMA

VERTADER

Els llorers del Cèsar

Com moltes civilitzacions antigues, Roma va basar bona part de la seva economia en els esclaus. Considerats com a objectes més que com a éssers humans, pertanyien al seu amo, que tenia sobre ells tots els drets, inclòs el d'alliberar-los. Però no tots podien aspirar a ser lliures.

Eren esclaus els que naixien de mare esclava, però també se'n podia ser després d'una captura, atès que cada victòria implicava un lot d'esclaus. A vegades passaven per l'illa de Delos, punt estratègic d'aquest comerç tan lucratiu, on segons Estrabó s'intercanviaven diàriament desenes de milers d'individus que anaven directament als mercats locals, molts dels quals tenien lloc a Roma. Els esclaus, que es venien per subhasta, duien un cartell amb les seves característiques: edat, origen, qualitats, coneixements... Depenent d'aquests darrers, la servitud podia adoptar diferents formes. Per exemple, els grecs educats podien ser metges o arquitectes; i els gals, gladiadors. Però la majoria dels esclaus eren tractats com «bestiar parlant» i duien una vida miserable i curta a les mines o a les explotacions agrícoles.
Cadascú té el seu destí.

LA PROPINETA: EL VIA CRUCIS D'ESPÀRTAC

Al final de la República, la condició d'esclau era abominable. Això motivà diverses revoltes, com la d'Espàrtac, que Kirk Douglas protagonitzà al cinema. Entre els anys 73 i 71 aC, aquest gladiador d'origen traci va organitzar els seus camarades en un exèrcit que va ser vençut per les legions de Cras al sud d'Itàlia. Espàrtac va morir lluitant i 6 000 dels seus partidaris van ser crucificats al llarg de la via Àpia.

El tràngol d'Obèlix

ROMA ERA «LA CIUTAT MÉS PRODIGIOSA DE L'UNIVERS»

VERTADER

Els llorers del Cèsar

Aquesta afirmació era vertadera a Europa a l'època de Cèsar —cosa que limita una mica la seva universalitat—, però Roma va brillar durant segles. Quan Astèrix i Obèlix hi van, fa 700 anys que la ciutat dels set famosos turons existeix. S'organitza al voltant del *forum romanum*, el centre religiós i administratiu, d'on parteix la via Sacra que puja al Capitoli i al temple de Júpiter.

Hi vivia un milió d'habitants, la majoria a les *insulae*, edificis sovint poc confortables, sobretot per als pobres que hi habitaven sota teulada. L'aigua corrent, subministrada pels aqüeductes i evacuada a través d'una claveguera (la Cloaca Maxima), no arribava a tots els edificis. Les latrines eren escasses i de pagament, per això la gent feia les necessitats directament al carrer, on també es llençava el contingut dels orinals. Aquestes no eren les úniques trampes que havien d'esquivar els vianants, ja que els carrers de Roma, sovint sense asfaltar i vorejats de botigues fosques i de tavernes de mala fama, eren el pati d'esbarjo de nombrosos lladres.

LA PROPINETA: LUTÈCIA, MENYS PRODIGIOSA

Sota Cèsar, París encara no era París, sinó el modest *oppidum* dels parisis, una petita tribu gal·la que vivia al sud de l'Île de la Cité. Al segle I, els romans van edificar a la riba esquerra, anomenat Quartier Latin («barri llatí») a partir de l'edat mitjana. El pilar dels Nautes, la columna gal·loromana edificada pels navegants del Sena en honor de l'emperador Tiberi, és el monument parisenc més antic que es coneix.

Els llorers del Cèsar

ALS ROMANS ELS AGRADAVA LA COMÈDIA

VERTADER

Astèrix i el calderó

Per bé que la tragèdia clàssica va fer de Roma «l'únic objecte del meu ressentiment» (*Horaci*, de Corneille, acte IV, escena 5), el cert és que als romans els agradava el teatre, sobretot la comèdia. Sota la República, les representacions tenien lloc en escenaris provisionals durant els *ludi*, els jocs i les festes de caràcter vagament religiós.

Al segle I aC, Plaute i Terenci van portar a l'escenari personatges còmics rurals, mims burlescos i farses militars. Del primer, es coneixen vint obres de les cent trenta que va escriure, i només sis del segon, totes elles còmiques. Van inspirar Molière 1 800 anys més tard.

Als ciutadans de l'*Urbs* els agradava anar en massa i amb la família al teatre, on l'espectacle, intercalat amb nombrosos intermedis, podia durar hores. Mentre menjaven i xerraven, asseguraven el triomf dels actors, un ofici exclusivament masculí que els estava vedat. En efecte, els esclaus i els lliberts eren els únics que podien actuar en un escenari. Obèlix potser fracassa a *Astèrix i el calderó*, però el comediant Rosci, possiblement d'origen gal, va ser una gran estrella que fins i tot va fer classes d'oratòria a Ciceró!

LA PROPINETA: TEATRES DE PEDRA

Durant molt temps, els teatres es muntaven i desmuntaven per als *ludi* i eren de fusta. L'any 55 aC, Pompeu va fer construir el primer teatre de pedra a Roma, un exemple que ràpidament van imitar totes les grans ciutats romanitzades. El teatre d'Arles tenia capacitat per a 10 000 espectadors, mentre que al de Pompeia n'hi cabien 27 000! Com a punt de comparació: al teatre d'òpera de la Bastilla de París només s'hi poden asseure 2 700 persones.

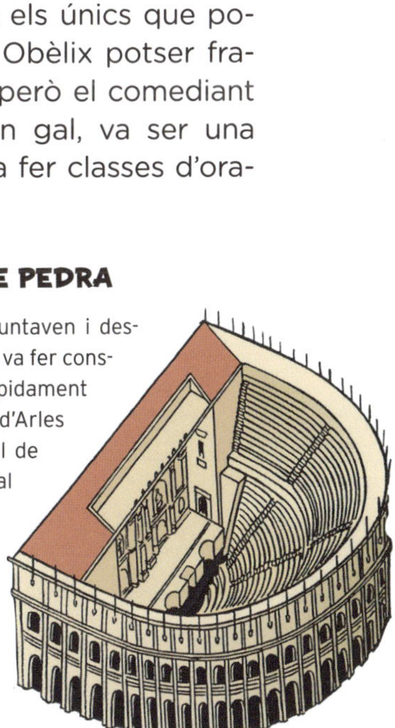

UNA PART DE LA VIDA ROMANA S'ORGANITZAVA A LES TERMES

VERTADER

Astèrix gladiador

Grans consumidors d'aigua, els romans la van domesticar ben aviat construint aqüeductes i excavant, al segle v aC, una claveguera gegantina, la Cloaca Maxima. A l'època d'Astèrix, circulaven per la ciutat un milió de metres cúbics que abastaven les fonts públiques i privades i, sobretot, les termes.

Després del treball del matí, dones i homes, a vegades separats per evitar la prostitució, hi passaven la tarda. Durant l'Imperi, aquestes instal·lacions, senzilles o luxoses, van arribar a tenir unes dimensions immenses i un alt nivell de sofisticació. El luxe de les termes de Caracal·la, construïdes el 216 dC, es manifesta encara avui en les sumptuoses ruïnes.

Aquests llocs amb tanta vida disposaven també de tavernes on es tancaven molts acords, negocis, vendes i contractes. També hi havia molts robatoris, però l'amenaça de mort de les autoritats van dissuadir una mica els lladregots de banys.

LA PROPINETA: EL PONT DEL GARD

A la Gàl·lia, els romans no tan sols eren els amos de tota la xarxa viària, també van construir termes i, per tant, aqüeductes, entre els quals hi ha el pont del Gard, que continua resistint el pas del temps. Com la majoria d'aquestes instal·lacions, es va edificar al segle I de la nostra era. És a dir, Astèrix no podia queixar-se d'aquesta modernitat. D'altra banda, en general, els gals es van alegrar força de tenir accés a la comoditat proporcionada per aquests nous equipaments.

La falç d'or

ELS ROMANS EREN MOLT BONS CONSTRUCTORS

VERTADER

La Residència dels Déus

Els romans van construir ciutats exemplars, monuments considerables i, fins i tot, un imperi, però deuen bona part del seu prestigi arquitectònic als grecs. En efecte, molts dels constructors eren d'origen hel·lènic que, convertits en esclaus de Roma, obeïen sense piular els encàrrecs dels responsables romans.

Fins al segle I, utilitzaven principalment la tova, una pedra volcànica, i el marbre per als edificis de més prestigi. Aquests materials eren anteriors a l'arribada del maó d'argila, cuit a uns 1000 °C, que facilità la construcció de les *insulae*, els habitatges de protecció oficial romans.

Però més enllà dels materials, el major progrés va venir de l'argamassa. Des del segle II abans de la nostra era, una altra roca volcànica, la putzolana, va substituir l'argila en la composició del morter. Mesclat amb calç i aigua, s'assecava millor, s'enduria més de pressa i era més resistent al llarg del temps. Aquest «formigó» romà va permetre als arquitectes i els seus equips de manobres millorar algunes tècniques com la volta i l'arc, que alleujaren les estructures. A més del benefici estètic, aquests mètodes van fer possibles unes construccions més altes, com a símbols de la grandesa de l'Imperi que, d'altra banda, no impressionen Astèrix i Obèlix.

LA PROPINETA: COLOSSEU COLOSSAL I MAXI MÀXIM

Emblema de l'antiga Roma, el Colosseu no apareix en cap àlbum d'Astèrix. Per una raó: s'inaugurà l'any 80. Abans, les curses de carros i els combats de gladiadors se celebraven al circ Màxim, construït al segle VI aC per l'últim rei de Roma, Tarquini Prisc. Cèsar va ampliar aquest recinte, de manera que 150 000 persones podien observar assegudes les divertides matances que s'hi feien.

Astèrix gladiador

CARTAGO HAVIA DE SER DESTRUÏDA

VERTADER

Els llorers del Cèsar

Igual que l'advocat d'Astèrix i Obèlix, Cató el Vell acabava tots els seus discursos dient «*Delenda Carthago*» («Cal destruir Cartago»), colònia fenícia que s'aixecava on ara hi ha Tunis. I ho va ser el 146 aC, tres anys després de la mort del vell Cató, que considerava que aquesta potència del nord d'Àfrica perjudicava la grandesa de Roma.

Segons les respectives llegendes, ambdues ciutats van ser fundades més o menys al mateix temps (el 814 aC Cartago i el 753 aC Roma) i totes dues van competir durant molt temps per dominar la Mediterrània, especialment Còrsega, Sardenya i Sicília. Els romans sotmetien Itàlia i no toleraven que aquestes illes se'ls escapessin. La primera guerra púnica (264-241 aC) es va decantar a favor de Roma i les illes van passar al seu domini. El 218 aC, Anníbal va llançar un contraatac cartaginès a cavall d'elefants, però fou rebutjat i perdé definitivament la segona guerra púnica a Àfrica l'any 201 aC.

Mig segle més tard, Roma va xiular el final del partit de manera radical. Després de tres anys de setge, les legions van destruir Cartago. Cató va poder descansar en pau i la seva famosa frase es va convertir en una de les citacions llatines més famoses, utilitzada per expressar una obsessió.

LA PROPINETA: PUNIR ELS PÚNICS

Poble de navegants originari de Fenícia, l'actual Líban, els cartaginesos partien com a favorits en la batalla naval contra Roma, una gran potència terrestre. Però les legions van saber mullar-se per vèncer. El nom d'aquestes guerres púniques prové del llatí *punicus*, derivat del llatí *poeni*, que significa... cartaginesos! L'expressió «fe púnica» és una manera una mica rebuscada de dir «mala fe».

Astèrix gladiador

ELS ROMANS ES DIVERTIEN FORÇA A LES ORGIES

VERTADER

Astèrix a Helvècia

Aviat s'oblidà l'origen religiós de les orgies per fer-ne, sobretot durant l'Imperi, unes festes excèntriques i copiosament alcohòliques en què els rics endrapaven uns plats increïbles portats per una pila d'esclaus. Al final d'aquests àpats fastuosos, ballarins i ballarines amb una roba tan lleugera com la moral dels comensals venien a distreure'ls i a escalfar-los més encara. A partir de llavors, la festa podia prendre un tombant més... decadent.

Les orgies eren uns moments de profusió i excés que cridaven als deliris més extravagants. Petroni, l'autor del *Satiricó*, parla de com es va servir un plat particularment espectacular: després d'un simulacre de caça, un gegant barbut va obrir el costat d'un senglar rostit d'on van sortir volant tords vius.

Pel que fa a les begudes, els romans no es quedaven enrere. Tots bevien vi, aromatitzat o rebaixat amb aigua, però els millors vins, com els de Falerna, a la Campània, estaven reservats als més rics. Les seves prestigioses *cena* constaven de tres plats (*gustatio*, *prima mensa* i *secunda mensa*), una segmentació que encara tenen els restaurants italians contemporanis on, afortunadament, la higiene ha avançat molt. En aquella època, les deixalles es llençaven a terra i l'emperador Claudi va autoritzar fer pets a taula a fi d'alliberar el ventre. L'antiga Roma era romàntica a mitges...

LA PROPINETA: EL PAUL BOCUSSE ROMÀ

Coneixem la gastronomia romana gràcies a un tal Marc Gavi Apici. A *De re coquinaria* («De l'art culinari»), un llibre que generalment se li atribueix, de manera pòstuma, es poden llegir les receptes favorites d'aquest cuiner refinat: testicles de gall, talons de camell i llengua de flamenc rosa. També va popularitzar la idea egípcia d'encebar les oques amb figues per fer-los engreixar el fetge. Però, arruïnat pels seus excessos, aquest amant de la bona vida va acabar donant-se mort.

EL MENÚ DELS LEGIONARIS ERA MEDIOCRE

VERTADER

Astèrix legionari

La cara que fa Astèrix ho diu tot: proporcionada per la intendència, la pitança del legionari era consistent, però gens gurmet. A més, els serveis generals de l'exèrcit no subministraven més que matèries primeres, sobretot cereals. Aquests constituïen la base de la *rata*, mot de l'argot militar de sonoritat bastant fastigosa i poc engrescadora per a les papil·les gustatives.

Així, els soldats no tan sols havien de construir un campament a cada etapa de la campanya, també s'havien de cuinar els àpats ells mateixos. Agrupats en tendes de vuit, es preparaven la teca, sovint unes senzilles farinetes de cereals acompanyades amb carn seca, una mica de formatge i llegums secs, com ara llenties o mongetes, el que hi hagués. El tema begudes no era gaire més encoratjador, ja que s'havien de conformar amb la *posca*, una barreja d'aigua amb vinagre, àcida però que calmava la set.

Als forts on les legions s'instal·laven durant més temps, la situació gustativa millorava una mica. Els forns, construïts a l'exterior del camp per evitar els incendis, permetien coure principalment el pa. Els legionaris usaven la paga per millorar els seus àpats comprant alguns productes més bons. Ara, que... si tots haguessin estat més ben alimentats, què no haurien arribat a conquerir?

LA PROPINETA: MEDICINA DE GUERRA

Fins al segle I aC, la medicina d'urgències es limitava a evacuar els ferits i pregar als déus. Sota l'Imperi, va millorar i els que tenien la sort de sobreviure eren conduïts amb lliteres a la infermeria del campament permanent, on els cirurgians els operaven o els feien cures amb plantes medicinals. No obstant això, la *morgue* era just al costat.

La Residència dels Déus

ELS ROMANS MENJAVEN SEMPRE PLATS SOFISTICATS

FALS

Astèrix gladiador

A diferència d'Obèlix, els romans del segle I aC es conformaven amb una alimentació senzilla, fins i tot frugal, a base de cereals. Gràcies als productes importats arran de les seves conquestes, van accedir a una dieta més rica i variada, però sempre racional i dividida en tres àpats diaris.

El ciutadà començava el dia amb el *ientaculum*, que consistia en pa amb formatge i aigua. Al migdia feia una pausa breu per prendre ràpidament un *prandium*. Aquest dinar frugal es comprava al *thermopolium*, una mena de *fast-food* on es venia menjar preparat per emportar, ja que les *insulae* (els habitatges) no tenien cuina. Després de les termes, al vespre se servia la *cena*, el sopar, l'àpat més consistent, regat amb vi i aigua.

Mentre que els pobres sopaven unes miserables farinetes, les classes acomodades disposaven de fruites i verdures, fresques o seques, espècies per aromatitzar els plats i una gran varietat de pans. Als vespres, ajaguts als triclinis al voltant d'una taula baixa, els romans menjaven més carn que peix.

LA PROPINETA: L'AROMA DEL *GARUM*

Un condiment que no podia faltar a la cuina romana era el *garum*. S'obtenia de la maceració d'entranyes de peix d'un a tres mesos, i s'assemblava a la salsa *nuoc-mam* vietnamita. A la *Història natural*, Plini el Vell parla d'un *garum* molt car i luxós, «del color del vi amb mel, tan líquid i agradable que es pot beure». Segur que exagerava una mica...

Astèrix a Itàlia

ELS COLORS DELS CARROS DE CURSES AIXECAVEN PASSIONS

VERTADER

Astèrix i el calderó

Al museu gal·loromà de Lió hi ha un mosaic espectacular que mostra clarament els colors de les quatre «faccions» de les cavallerisses romanes. Quan el director de la cursa manava que s'obrissin les portes de sortida del circ Màxim, s'enfrontaven durant set voltes de pista. Així, el blanc, el blau, el verd i el vermell corrien una mica més de 8 quilòmetres, *fast and furious*, davant dels 150 000 espectadors histèrics de l'hipòdrom.

Els carros, lleugers i fràgils, normalment estirats per quatre cavalls al galop, es fregaven entre si, prenien revolts tancats i corrien el risc de trencar-se en qualsevol moment. En aquest cas, al cotxer li interessava tallar les regnes ràpidament si no volia acabar arrossegat a la pols pels cavalls, per a gran alegria del públic, que apreciava les curses, és clar, però sobretot la violència i la sang.

Amb un entusiasme devorador que faria passar per tebis els aficionats de futbol més exaltats, els ciutadans podien arribar a barallar-se per defensar la seva facció favorita i apostaven sumes desorbitades per la victòria del seu color. Com és natural, els cotxers eren les admirades estrelles de les quadres. Dirigides per propietaris adinerats, aquestes donaven feina a un gran nombre de persones que es dedicaven a fabricar els carros decorats i a tenir bona cura dels veloços cavalls, importats d'Hispània o d'Àfrica. Evidentment, els millors cotxers, que sovint eren esclaus, podien perdre la vida a les curses, però també podien guanyar prou diners per comprar la llibertat.

JULI CÈSAR VA TENIR UN FILL AMB CLEÒPATRA

VERTADER

L'agitada relació amorosa de Cleòpatra amb Juli Cèsar va tenir com a resultat un nen, Ptolemeu XV, conegut com Cesarió.

Una pinzellada històrica: l'any 48 aC, amb la intenció de regnar tot sol a Egipte, Ptolemeu XIII va apartar del poder la seva germana Cleòpatra. També va fer matar Pompeu, rival de Cèsar, pensant que així es guanyaria el beneplàcit d'aquest darrer. Mala decisió. Enfurismat, Cèsar va desembarcar a Egipte buscant-hi les riqueses, però va caure sota l'encís de l'esplendorosa Cleòpatra.

Després de fer ofegar oportunament Ptolemeu XIII, Cèsar va restaurar Cleòpatra al seu tron. Va viure uns anys bonics amb ella i Cesarió, fins que fou assassinat. Després, la reina va buscar consol als braços de Marc Antoni, un altre general romà, aviat derrotat pel futur emperador August, fill adoptiu de Cèsar. Fi de l'idil·li dels dos amants, que es van suïcidar, mentre que August, per regnar amb tranquil·litat, va fer matar Cesarió, el seu quasi mig germà, que només tenia 15 anys. Com deia André Gide: «Famílies, us odio».

LA PROPINETA: FILLS MALCRIATS

A més de Cesarió i August, Cèsar va tenir altres fills, amb qui tampoc va viure un camí de roses. Júlia, l'única descendent legítima, es va casar amb Pompeu, enemic a mort del seu pare. Pel que fa a l'ingrat Brutus, fill d'una de les seves amants, va participar en l'assassinat del seu suposat progenitor, qui víctima de 23 punyalades, li hauria llançat el seu famós «tu també, fill meu». Així, 2000 anys abans del doctor Freud, Brutus va solucionar el seu complex d'Èdip d'una manera ben radical.

El fill d'Astèrix

ALS ROMANS ELS ENCANTAVEN ELS ANIMALS, SOBRETOT ELS DEL CIRC

VERTADER

Els llorers del Cèsar

Una lloba llegendària va salvar els seus fundadors, així doncs, és lògic que Roma sentís passió pels animals. Companys tan fidels com Ideafix, els gossos (*Cave canem*, «compte amb el gos») guardaven les cases que els ocells alegraven amb el seu refilet, malgrat l'amenaça dels gats, útils depredadors de rates i ratolins. Als romans també els agradaven molt els cavalls, però les estrelles de la seva fascinació insaciable pels animals eren els del circ.

D'arreu del vast territori conquerit, importaven lleons, elefants, cocodrils, estruços i moltes altres espècies exòtiques amb el destí comú d'acabar sacrificades a l'arena. A més dels duels dels gladiadors, hi havia sessions matinals de caça (les *venationes*) i combats d'animals (els *bestiari*). Durant la inauguració del Colosseu, l'any 80, van ser immolats 9 000 animals salvatges.

Al migdia tocaven altres representacions sagnants durant les quals les bèsties jugaven el paper de botxí. Perquè si bé alguns condemnats eren decapitats o crucificats i prou, els «enemics públics» morien *ad bestias*. Així, nombrosos cristians van ser lliurats a uns animals suficientment maltractats com per mostrar tota la seva ferocitat natural.

LA PROPINETA: CORRIDA HISPÀNICA

Agitant la capa vermella d'una espectadora davant d'un ur, Astèrix mostra una gran creativitat, tot i que tenyida d'anacronisme. La corrida, indubtablement ibèrica, no es va inventar als jocs romans. Potser n'hi va haver abans, però els primers testimonis de combats taurins es troben a Astúries, l'any 815, una data infausta per als toros.

ELS ROMANS MENYSPREAVEN ELS METGES (PERÒ ES CUIDAVEN)

VERTADER

Astèrix a Helvècia

Igual que en Totunvirus va enviar una brigada mèdica més «mortal que una legió» al controlador que acabava d'enverinar, els romans no tenien una gran estima pels metges. Cató el Vell exhortava el seu fill a evitar-los, i a Plini el Vell li semblava amoral que un romà es rebaixés a l'art mèdic. Tots dos enyoraven els temps en què es pregava als déus i es feien cures de col, una planta suposadament miraculosa...

Procedents de Grècia —una conquesta un pèl menyspreada, però alhora admirada—, els metges van arribar a Roma al segle II aC amb la condició d'esclaus. Tot i que el seu treball «manual» era vist com una mica degradant, els ciutadans romans s'apressaven a acudir a les *tabernae medicae*. En aquestes consultes, els metges feien cures i sagnies, preparaven remeis i es llançaven a cirurgies a vegades tan ambicioses com la trepanació o l'amputació. Tenien instruments sofisticats, però no coneixen l'anestèsia i mataven força pacients, cosa que no feia millorar la seva reputació.

Alguns metges van ser condemnats després del decés d'un malalt, però uns altres van conèixer l'èxit, van poder alliberar-se, es van fer famosos i van atreure una immensa i rica clientela gràcies a la qual van amassar una fortuna. El metge grec del segle II Galè va exercir a Roma, on va tractar emperadors, gladiadors i homes del comú amb la mateixa abnegació. Admirat per tothom, va morir quan tenia gairebé 90 anys. Però als temps d'Astèrix, als romans no els agradaven els metges ni els grecs. «*Timeo Danaos et dona ferentes*» («temo els grecs, fins i tot quan fan regals»), va escriure Virgili, qui, per cert, va morir sense la intervenció de cap metge.

JA EN AQUELLA ÈPOCA, ROMA COBRAVA IMPOSTOS

VERTADER

Astèrix i el calderó

Ben custodiat al temple de Saturn, al cor del fòrum, el Tresor romà estava en mans del Senat. Aquest era qui dirigia els pressupostos, que eren gestionats pels censors i els qüestors. Els primers controlaven els grans fluxos i les obres públiques i supervisaven la recaptació, que no es recollia en calderons, sinó en uns cistells anomenats *fiscis*. Els qüestors duien les despeses quotidianes de l'Estat.

A partir de l'any 167 aC, els contribuents romans van viure un somni fiscal: la conquesta de Macedònia aportà un botí considerable de 300 milions de sestercis que els va lliurar de pagar impostos a la República. La tradició va continuar després de l'adveniment de l'Imperi, que aclaparava les províncies conquerides. Els ciutadans de la península italiana havien de pagar, però, altres impostos: per béns immobles, per drets de successió, etc. Fins i tot, Vespasià va gravar l'orina, que recollien els bataners per netejar les teles. Les grans necessitats imperials es finançaven amb les més bàsiques de tothom.

Astèrix i el calderó

LA PROPINETA: IMPOST GAL

La majoria dels governs antics feien pagar impostos al poble per assegurar-se el seu luxe, les seves guerres i el seu poder. Abans de la conquesta romana, a totes les tribus gal·les l'aristocràcia encarregava a alguns notables que gravessin amb impostos la població.

ELS ROMANS ES JUGAVEN GRANS SUMES DE DINERS ALS DAUS

VERTADER

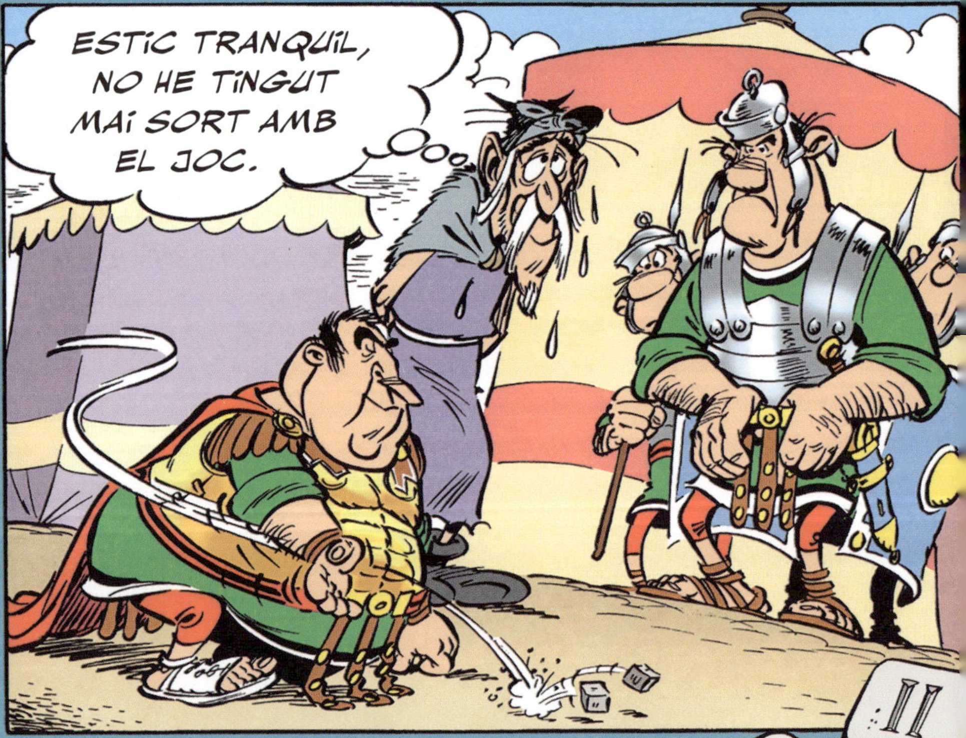

L'endeví

Als romans els encantava jugar, un vici per a alguns, com l'emperador August. Ell mateix va promulgar una llei per lluitar contra la propensió de certs individus a «arriscar la seva caixa de cabals a la sort de la taula de joc», com va sentenciar Juvenal. Així, els jocs no estaven autoritzats més que un mes a l'any, durant les festes saturnals de desembre. Però, tot i l'amenaça d'una multa, tothom se saltava la llei.

Els daus romans s'assemblaven als nostres, amb sis cares numerades de l'u al sis, i les cares oposades sumant set. Solien ser d'argila, però n'hi havia de valuosos fets de vori o d'or. I ja llavors els tramposos trucaven els daus llastant-los perquè caiguessin del costat desitjat. Aspiraven a la «tirada de Venus» (quatre números diferents) per guanyar l'aposta, i havien d'evitar la del «gos» perdedora (tres o quatre iguals).

A més dels daus, a Roma jugaven a les tabes, a parells i senars, en què s'havia d'endevinar el nombre de pedres amagades a la mà d'un company, i a la morra, l'avantpassat arcaic del pedra-paper-tisora. Els daus també servien per endevinar o interpretar els oracles. Un cop més, es confiava en l'atzar per conèixer la bona fortuna.

LA PROPINETA: *ALEA JACTA EST*

Quan tornà de la Gàl·lia, l'any 49 aC, Cèsar va desafiar el Senat creuant el Rubicó per marxar sobre Roma amb les seves legions. En travessar el riu, usà la metàfora del popular joc: els daus (*alea*, en llatí) s'havien llançat i la tirada -de moment- era guanyadora.

Astèrix a Bèlgica

LES CIUTATS GAL·LES

Astèrix a Còrsega

AL PORT DE MASSILIA (MARSELLA) ES JUGAVA A LA PETANCA

FALS

Sens dubte, els gals jugaven a un joc de boles semblant a la petanca, però no a Massilia, atès que el 50 aC la ciutat encara era grega. Fundada 550 anys abans per uns navegants procedents de Focea, una ciutat hel·lena de l'actual Turquia, aquest port -ja gran aleshores- vivia segons els costums d'Atenes. Després d'ajudar a la conquesta del sud de la Gàl·lia a final del segle II aC, els futurs marsellesos van caure en mans de Juli Cèsar el 49 aC, però van conservar l'apel·latiu de foceus, heretat dels seus orígens grecs.

LUGDUNUM (LIÓ) ERA UNA GRAN CIUTAT ROMANA

FALS

Quan després d'haver-se proveït de salsitxes i *quenelles* Astèrix i Obèlix abandonen aquesta etapa gastronòmica de la seva *Volta a la Gàl·lia* a l'any 50 aC, Lugdunum s'estén al peu del turó de Fourvière. Però resulta que Lucius Plancus no va fundar la colònia gal·loromana, futura capital de la Gàl·lia lionesa, fins set anys més tard. No obstant això, les excavacions arqueològiques parlen d'una ocupació bastant més antiga d'aquesta vila, que els gals van dedicar al déu Lug, una de les divinitats celtes més rellevants. Ens podem imaginar que els romans li van retre homenatge donant-li el seu nom a la ciutat, encara que Pseudo Plutarc afirma que aquest procedia d'un mític vol de corbs (*lugos*, en gal). Picabaralles entre experts...

LES FAÇANES DE CONDATE (RENNES) TENIEN ENTRAMATS DE FUSTA

POTSER

Per dibuixar Condate, la gran ciutat més propera al poblet d'Astèrix, Uderzo es va inspirar en les cases medievals de les ribes del Vilaine, el riu que travessa Rennes. Se sap poca cosa de l'antiga Condate, la capital de la tribu gal·la dels redons, construïda en la confluència (*condate*, en gal) dels rius Ille i Vilanie. Però atès que la tècnica de l'entramat de fusta a la vista (o semblant) es remunta al neolític, és possible que algunes cases de l'antiguitat en tinguessin. Tanmateix, no n'hi ha cap rastre.

JA PASSEJAVEN PEL FUTUR PASSEIG DELS ANGLESOS DE NICAE (NIÇA)

FALS

Els turistes britànics del segle XIX van ser els que donaren nom al famós passeig marítim de Niça, ciutat fundada per foceus procedents de Massàlia i que al principi va ser una fortalesa militar. És a dir, que a la costa hi havia molts més soldats amb faldilles que noies amb biquini. Al segle II aC, els grecs de Nikaia (Niça), assetjats pels lígurs, un gran poble italocèltic, van demanar ajuda als romans. Però com diu l'adagi, «protegeix-me dels amics, que dels enemics ja me n'encarrego jo». Roma va posar a ratlla els lígurs, però de passada es va annexionar la regió i la ciutat, que van batejar amb el nom llatí de Nicae.

La volta a la Gàl·lia d'Astèrix

S'ASSABORIEN VI I OSTRES A BURDIGALA (BORDEUS)

FALS I VERTADER

El descobriment de fòssils d'aquest deliciós bivalve prova la seva presència fa 200 milions d'anys a la regió de Bordeus, el nom modern de Burdigala. A l'antiguitat, les ostres eren un mos deliciós als palaus grecs i romans. Al segle I aC, van tenir la idea de criar-ne en llocs tancats. La tècnica no arribà fins molt més tard a la conca d'Arcachon, però a la regió bordelesa n'assaborien com a mínim des del neolític. Pel que fa al vi blanc, els romans van plantar vinyes a les rodalies de Bordeus, però no van destapar les primeres àmfores fins a començaments de la nostra era. Per la seva banda, la famosa plaça de Quinconces dibuixada per Uderzo ha canviat força en dos mil anys. I ja no s'hi exposen els condemnats.

ELS GALS XUCLAVEN BESTIESES DE CAMARACUM (CAMBRAI)

FALS

Aquesta famosa llaminadura, especialitat de la ciutat de Cambrai, deu el nom a un error comès al segle XIX. Cosa estranya que, tractant-se d'un error, dos fabricants en reivindiquin la paternitat i es considerin l'un «l'inventor» i l'altre «el creador» d'aquest famós caramel. Pel que fa a la ciutat de Camaracum, avantpassat de la capital de la «bestiesa», existeix la mateixa incertesa. Aquesta modesta vila habitada pels nervis, una tribu de la Gàl·lia belga, no deixarà un rastre tangible en la història fins al segle V. I encara caldrien uns mil anys perquè el sucre, amb el qual es fabriquen els caramels i les càries, arribés a occident, i uns 800 anys més perquè la remolatxa, conreada al nord de França, substituís la canya.

La volta a la Gàl·lia d'Astèrix

La volta a la Gàl·lia d'Astèrix

ROTOMAGUS (ROUEN) ESTAVA EMMURALLADA

FALS

Ratumacos per als gals de la tribu dels veliocasses, Rotomagus després de la conquesta romana, Rouen per als francesos... Aquesta ciutat no va agafar empenta fins al segle II. Llavors s'hi edificaren un prestigiós amfiteatre i unes termes notables, i cent anys més tard unes poderoses muralles per protegir-se de les invasions germàniques. D'aquesta grandesa antiga només en queden escassos vestigis, però això no impedeix que la capital normanda, creuada pel Sena, sigui una ciutat d'allò més agradable.

EL VI ESPUMÓS DE DUROCORTORUM (REIMS) JA BOMBOLLEJAVA A LA GÀL·LIA

FALS

Oppidum dels rems, aliats indefectibles de Juli Cèsar durant la guerra de les Gàl·lies, Durocortorum va ser recompensada convertint-se en la capital de la Gàl·lia belga. Més tard, els romans van plantar vinyes a les rodalies d'aquesta ciutat, que aviat va rebre el nom de Reims. Així doncs, Astèrix no va poder tastar el vi de Durocortorum, i encara menys el seu espumós. El xampany, que ho és, no va aconseguir les fines i potents bombolles fins després de la intervenció de Dom Pérignon. A final del segle XVII, aquest monjo va tenir la idea de mesclar varietats de raïm i aplicar el mètode de la vinificació efervescent inventat a Limoux pels productors de la blanqueta. Un èxit que bé mereix destapar unes ampolles.

L'escut arvern

ELS GALS ANAVEN ALS BALNEARIS D'AQUAE CALIDAE (VICHY)

FALS

Tot i que no n'hi ha proves concloents, els gals locals aprofitaven, com Abraracúrcix, les virtuts terapèutiques de les fonts d'aigua calenta de la regió de Vichy. Però va caldre esperar que els romans s'instal·lessin de forma permanent a la Gàl·lia per explotar la ressurgència bullent. No van tenir massa imaginació batejant el lloc *Aquae Calidae* (literalment, «aigües calentes»), però van construir unes termes dignes d'aquest nom. Grans aficionats a les cabussades, els romans van cobrir la Gàl·lia d'establiments termals, alguns equipats amb calderes per fer pujar la temperatura de l'aigua que la mare naturalesa no s'havia molestat a escalfar.

CORSICA (CÒRSEGA) VA SER ROMANA ABANS QUE LA GÀL·LIA

VERTADER

Tot i que, sens dubte, va ser el malson dels romans, aquests van controlar Còrsega molt abans que la Gàl·lia. L'any 258 aC, l'illa, aleshores sota la dominació cartaginesa, fou conquerida per Roma durant la primera guerra púnica, alhora que Sardenya i Sicília. Còrsega va ser romana fins al 455, en què l'envaïren els vàndals, que serien expulsats pels bizantins, que al seu torn van ser repel·lits pels llombards. Després, l'illa va ser cedida al Vaticà i patí les invasions musulmanes. Genovesa durant molt temps, va conèixer una breu independència al segle XVIII, abans de passar a ser francesa. Però cap d'aquestes potències va poder dominar del tot Còrsega, que continua sent sobretot... corsa.

ELS GALS ESTAVEN MOLT ORGULLOSOS DE GERGÒVIA

VERTADER

Ubicada a prop de l'actual Clermont-Ferrand i de l'antiga ciutat arverna de Corent, escenari d'excepcionals excavacions arqueològiques, Gergòvia continua sent la més gran (i gairebé única) victòria dels gals. Estaven molt orgullosos de les seves muralles i dels carrers de la ciutat, on Vercingetòrix va venir al món i rebutjà les legions romanes de Cèsar que l'assetjaren a la primavera del 52 aC. S'ha polemitzat molt sobre el lloc exacte de la batalla, però no tant com el d'Alèsia, on Juli va prendre una revenja sagnant i definitiva.

La volta a la Gàl·lia d'Astèrix

VENIEN DE LLUNY PER MENJAR LES PRUNES SEQUES D'AGINUM (AGEN)

FALS

Procedents de la Xina a través de la ruta de la seda, les pruneres van ser conreades pels grecs i els romans a tota la conca mediterrània. També va ser seva la idea d'assecar-ne el fruit al sol o en forns per transformar-la en fruita seca i fàcil de conservar. Segons els metges de l'antiguitat, tenia un sens fi de virtuts. Però Agen no va ser la capital de les prunes seques fins a les croades, quan es van importar pruneres de Damasc. Empeltades amb èxit amb els arbres de la contrada, donarien lloc a una nova espècie, la pruna d'Ente (del francès antic *enter,* que vol dir «empeltar»). Amb força polpa, saborosa i fàcil d'assecar, aquesta varietat va donar reputació a Agen, alhora que ajudava el trànsit intestinal.

LES CIUTATS ITALIANES

Astèrix a Itàlia

EL PALIO, FAMOSA CURSA DE CAVALLS DE SENA JULIA (SIENA), DATA DE L'ANTIGUITAT

FALS

Als romans els encantaven les competicions eqüestres, però el cert és que el *palio* es va començar a córrer més tard i sense ells. Segons la llegenda, els fills de Rem, el germà de Ròmul, després de l'assassinat del seu pare van trobar refugi en aquest lloc, que van anomenar Sena Julia. Però la història diu que Siena va ser creada per l'emperador August i que es va revelar en tota la seva esplendor a l'edat mitjana. El Campo, l'enorme plaça en forma de petxina, data del segle XIII i poc després va acollir el *palio*.

Astèrix a Itàlia

VENEXIA (VENÈCIA) ES FUNDÀ A UNA LLACUNA

FALS

Totalment romanitzats des del segle II aC, els pescadors vènets vivien a la vora de l'aigua, però en terra ferma. Les invasions bàrbares són les que van portar els futurs venecians a refugiar-se a les illes de la llacuna. La llegenda s'aproxima a la realitat, en datar la fundació de Venècia al 25 de març del 421. Transportada a l'edat mitjana per la seva flota i el seu dinamisme econòmic, la ciutat va esdevenir una gran potència. Des de llavors, la Sereníssima no deixa d'enfonsar-se, però continua sent fascinant.

Astèrix a Itàlia

FLORENTIA (FLORÈNCIA) ERA UNA CIUTAT PER A JUBILATS

VERTADER

Evidentment, un lloc així, amb un clima tan agradable i creuat pel riu Arno, estava habitat molt abans que Cèsar decidís fundar oficialment Florentia l'any 59 aC, és a dir, menys de deu anys abans que hi passés Astèrix. Aquesta ciutat nova, construïda seguint un urbanisme eficaç, es va pensar per allotjar els veterans de la legió. Més tard, a partir de l'any 300, acollí una comunitat cristiana. Després d'alguns segles obscurs d'invasions bàrbares, Florència va reviure gràcies a l'Església, que hi va erigir diversos temples al voltant de l'any 1000. Tot i que la pesta negra de 1348 va assolar la ciutat (i també bona part d'Itàlia) i matà la meitat dels seus habitants, Florència no cessà de créixer, d'embellir-se i de brillar des del Renaixement fins als nostres dies.

NEAPOLIS (NÀPOLS) VA PROSPERAR A PROP DEL VESUVI

VERTADER

Per bé que alguns autòctons habitaven ja a la badia i a les illes des de la prehistòria, la regió napolitana es va estructurar al segle IX aC amb l'arribada dels primers colons grecs. 400 anys més tard, uns altres hel·lens van fundar una «ciutat nova» -literalment, Neapolis- i van ser prou llestos com per aliar-se amb Roma. El temps passava tranquil·lament amb vistes al mar, les veïnes Pompeia i Herculanum van créixer als vessants del Vesuvi, i el gran poeta Virgili hi va compondre algunes de les seves odes. Aquesta existència pacífica va durar fins al 24 d'agost del 79, en què l'erupció del volcà va engolir Pompeia i Herculanum. Nàpols se'n va salvar de miracle i va continuar sent un lloc d'estiueig força apreciat.

Astèrix a Itàlia

ALTRES TERRITORIS

L'EGIPTE DE CLEÒPATRA ES REBEL·LÀ CONTRA ROMA

VERTADER

L'Egipte imperial d'Astèrix ja no era el far de la humanitat que havia estat sota els faraons dels segles XV a X aC, però conservava una certa aura gràcies a la seva reina Cleòpatra, que es va enfrontar a Roma pel cor, trasbalsant Juli Cèsar i després Marc Antoni. Després de la mort del primer i de la derrota del segon per les legions d'August, Cleòpatra se suïcidà per no veure la caiguda del seu reialme. El 27 aC, el triomfant August va transformar Egipte en una província imperial i en va fer, sobretot, un graner de blat.

Astèrix i Cleòpatra

UNA PART D'HISPÀNIA RESISTÍ DURANT MOLT TEMPS L'INVASOR

VERTADER

Els ibers i els lusitans no sempre van dominar el seu territori. Els cartaginesos en van sotmetre una gran part i després, al segle II aC, els va conquerir Roma. Però el nord-oest de la península no va parar de rebel·lar-se contra els invasors romans fins al segle I dC, en què van acceptar a contracor la tutela de l'emperador August. Andalusia, on es troba el poble de Sopadall i Crostó, no era una zona rebel, però va ser escenari de batalles entre romans, com la de Munda, que el 17 de març del 45 aC segellà la desfeta de Pompeu enfront les legions de Cèsar.

Astèrix als Jocs Olímpics

GRÈCIA SEGUIA SENT UNA GRAN POTÈNCIA AL SEGLE I aC

FALS

Després d'inventar la democràcia i els jocs olímpics, de fundar nombroses colònies prestigioses a tota la conca mediterrània, de brillar intel·lectualment al món del segle v aC i de bastir un efímer imperi gràcies a Alexandre el Gran, Grècia va caure en una relativa prostració. Va passar a formar part del protectorat romà després del saqueig de Corint el 146 aC. Les revoltes van ser apagades definitivament pel general Sul·la l'any 88. Al segle I aC, la península va ser camp de batalles entre romans. L'emperador August annexionà una Grècia devastada i la va rebatejar com a província d'Acaia.

ELS GERMÀNICS VAN COMPLIR LA SEVA PROMESA I VAN TORNAR

VERTADER

Astèrix i els gots

Juli temia els germànics que havien assolat la Gàl·lia a final del segle II aC. No obstant això, va fer construir un efímer pont sobre el Rin, tan sols per impressionar-los. Seguidament, Roma conquerí una porció de l'actual Alemanya i els germànics van romandre relativament tranquils fins al segle III. En sentir que el control de Roma es debilitava, van atacar les fronteres i no van ser els darrers a llançar-se sobre l'Imperi. Tots els pobles bàrbars i tanmateix germànics es van instal·lar a la Gàl·lia, mentre que els gots i els vàndals van saquejar Roma el 410 i el 455 respectivament.

JUDEA ESTAVA FORÇA AGITADA

VERTADER

Després de passar sota el domini romà el 63 aC, Judea, com totes les regions de Palestina, continuà sent escenari de nombrosos conflictes. Els darrers membres de la dinastia dels Asmoneus es van destruir entre si en guerres fratricides que enfrontaven nombroses faccions jueves. Els seus veïns grecs, sirians, idumeus, nabateus o parts van intentar aprofitar-se'n. Al segle I de la nostra era, Roma va esclafar amb sang la revolta de la província de Judea, però no li va ser gens fàcil imposar la *pax romana,* aquella enganyosa pau romana que regnava a l'Imperi.

L'odissea d'Astèrix

Astèrix i els pictes

ELS ROMANS LES VAN PASSAR DE TOTS COLORS AMB ELS PICTES

VERTADER

L'origen dels pictes, aquells homes pintats que Astèrix va conèixer, es perd en la nit de la primera edat del ferro, quan els celtes arribats del continent es van barrejar amb els natius de les rudes terres escoceses. El general romà Agricola, que dirigí la conquesta de Bretanya al segle I de la nostra era, va lluitar contra els pictes respectuosament, i els va posar el nom de caledonis. Però no els va poder sotmetre, i la seva fogositat va obligar els emperadors Adrià i Antoní a construir dues muralles per separar-los de l'Imperi. Els pictes van continuar sent independents fins a l'arribada dels escots, els celtes d'Irlanda, a partir del segle VI. Ells van acabar per donar el seu nom a Escòcia: Scotland.

MALGRAT LA SEVA (RELATIVA) NEUTRALITAT, ELS HELVECIS VAN INTERVENIR EN LA GUERRA DE LES GÀL·LIES

VERTADER

Amenaçats pels seus turbulents veïns germànics, els helvecis van decidir baixar de les seves muntanyes i emigrar cap a Aquitània. Ajudats per algunes tribus gal·les i combatuts per unes altres, el seu èxode preocupà Juli Cèsar. El general romà no veia de bon ull que els bel·licosos germànics s'instal·lessin massa a prop de Roma, i aprofità l'avinentesa per llançar-se sobre la Gàl·lia... Aprofitant que els seus aliats hedus li havien demanat ajuda per evitar que els helvecis entressin a la seva Borgonya, Cèsar els va rebutjar el 58 aC, però de passada va conquerir la Gàl·lia. Els petits suïssos van ser bons nois i van tornar a casa i no se'n van moure més.

Astèrix a Helvècia

GLOSARI

AMFITEATRE: recinte de planta més o menys circular dedicada als espectacles, tot sovint sagnants.

AQÜEDUCTE: sistema de canalització d'aigua.

ATRIUM: pati principal de les cases bones romanes.

BÀRBARS: tots els pobles no romanitzats, segons els romans.

BARD: poeta i músic gal que tenia un paper intel·lectual i religiós quan no era emmordassat.

BRACA: pantalons gals.

CAPITOLI: un dels set turons de Roma, on hi havia el temple de Júpiter, amb vistes al fòrum. A l'altre vessant, la roca Tarpeia permetia executar els condemnats obligant-los a saltar. Hop!

CÀRNIX: trompeta llarga gal·la amb la campana en forma de cap d'animal, sovint de porc senglar.

CELTA: família de pobles indoeuropeus, entre els quals hi havia els gals.

CENTURIÓ: oficial de la legió que comandava una centúria, és a dir, 80 legionaris.

CÈSAR: *Caesar*, en llatí, va esdevenir el títol dels emperadors. Els gladiadors llançaven el seu famós «*Ave* Cèsar, els que moriran et saluden», abans de matar-se entre si.

CIRC: edifici per a espectacles, sobretot dedicat a les curses de carros.

CIUTAT: comunitat cívica políticament autònoma amb un territori, magistrats i un centre urbà.

COLÒNIA: ciutat fundada als territoris conquerits per Roma, sovint sobre una població ja existent, amb un estatut romà i reedificada segons els seus estàndards urbanístics.

COMICI: a Roma, assemblea de ciutadans que elegia els magistrats i votava les lleis. Hi havia tres comicis, els electors i les prerrogatives –és a dir, el poder– dels quals eren molt diferents.

CÒNSOL: el grau més alt de la magistratura romana. Segons les èpoques, s'elegien dos cònsols per a un any, rarament renovable, i tenien el poder.

CURSUS HONORUM: trajectòria dels homes polítics i/o militars romans que conduïa els més ambiciosos al càrrec de cònsol.

EDIL: esglaó del *cursus honorum*, s'encarregava de l'ordre i organitzava els jocs.

ENDEVÍ: a la Gàl·lia, els *vates* predeien el futur i s'encarregaven també del culte.

FALANGE: esquadra de soldats en fila estreta, amb escuts i llances llargues. Aquesta formació, base de l'estratègia militar grega, la van copiar i millorar tots els exèrcits antics.

FALÇÓ: falç petita, molt útil per als druides quan és d'or.

FÍBULA: agulla de metall, a vegades luxosa i adornada amb pedres, que servia per aguantar la roba dels romans i els gals. Fermall que agrada molt als arqueòlegs.

FÒRUM: plaça pública de Roma i de les ciutats de l'Imperi.

HONESTA MISSIO: jubilació dels legionaris.

IMPERATOR: títol concedit als generals romans victoriosos i després adoptat per l'emperador August i els seus successors.

IMPERIUM: símbol del màxim poder romà. Sota la República, es repartia entre els cònsols i els pretors, després el detenia només l'emperador.

INSULA: edifici immoble romà. Alguns tenien fins a set pisos.

LEGIÓ: cos principal de l'exèrcit romà compost de 4 000 a 6 000 homes.

LLEI DE LES DOTZE TAULES: primera legislació romana, origen del seu dret, redactada cap al 450 aC.

LLIBERT: esclau alliberat de l'esclavitud.

LUDI: «jocs» que diversos cops a l'any oferien diversió als romans al teatre, a base de combats de gladiadors, curses de carros o execucions capitals.

MATRONA: mare de família romana, esposa del *pater familias*.

***MUNUS (MUNERA* EN PLURAL):** combat de gladiadors.

NAUMÀQUIA: espectacle de combat naval que es feia en un llac o en un amfiteatre.

OPPIDUM: ciutat fortificada edificada en un lloc alterós.

ÒSTIA: port de Roma, de gran importància estratègica i comercial, situat a la Mediterrània, a la desembocadura del Tíber.

PALATÍ: un dels set turons de Roma on els emperadors van construir els seus palaus.

PATER FAMILIAS: cap de família romà que tenia la *patria potestas*, el poder patern que, en teoria, li donava dret de vida i de mort sobre la seva matrona, els fills i els esclaus.

PATRICI: membre de la *patres*, la classe noble dominant de Roma.

PEREGRINUS: habitant lliure, ni esclau ni llibert ni ciutadà.

PILUM: javelina dels legionaris. La seva arma principal juntament amb el punyal.

PLEBEU: ciutadà del poble, ric o pobre, rural o urbà, que havia de treballar, a diferència del patrici. Reunits en consells, els plebeus elegien els seus representants, els tribuns de la plebs.

POTESTAS: poder menys important que l'*imperium*. Els magistrats subalterns gaudien d'una *potestas* que els donava autoritat en el seu camp.

PREFECTE: representant del poder, sovint governador regional.

PROVÍNCIA: territori conquerit i administrat per Roma.

PUBLICÀ: home de negocis que tenia el privilegi, lucratiu i impopular, de recaptar impostos.

QÜESTOR: magistrat encarregat de gestionar les finances.

SAGUM: túnica d'origen gal.

SENAT: reunió de membres de l'aristocràcia romana; consell del rei durant la monarquia; assemblea de govern sota la República; va perdre el seu poder durant l'Imperi.

TEMPLE: edifici consagrat als déus.

TERMES: espai per estar en remull mentre es parla d'això i d'allò.

TOGA: vestimenta clàssica dels romans, a vegades amb codis de color per distingir els graus. Així, la toga dels cònsols tenia una franja porpra, i la d'un general victoriós tenia brodats d'or.

TORCA: collaret gal, rígid i rodó.

TRIOMF: màxim honor dedicat a un general, que desfilava amb molta pompa després d'una victòria.

VENATIONES: cruel espectacle de caça en un amfiteatre.

VETERÀ: militar retirat beneficiari de l'*honesta missio*.

A LES FONTS DEL CONEIXEMENT

Per separar allò que és vertader d'allò que és fals de l'antiguitat romana i gal·la, hem hagut de documentar-nos i recórrer als historiadors, sobretot als citats a la bibliografia, a qui donem les gràcies i saludem amb respecte. Ells mateixos han estudiat fonts molt diverses per comprendre una època tan llunyana i per distingir la llegenda de la història.

Primer, han llegit els autors antics, tots de la cultura grecollatina. És a dir, que si bé expliquen amb força precisió la vida romana, són molt parcials i poc objectius pel que fa a la Gàl·lia. Una Gàl·lia habitada per una gent que, fins i tot la instruïda, si n'hi havia, es negà a deixar testimonis escrits.

L'altra font important per conèixer les civilitzacions desaparegudes és l'arqueologia. Però cal que els pobles estudiats hagin tingut cura de deixar empremtes i objectes. També aquí els romans tenen avantatge, ja que feien construccions sòlides –pedra i ciment–, al contrari que els gals, que ja llavors preferien la indústria fustera, menys resistent al pas del temps.

Les excavacions han ofert meravelles als arqueòlegs i han proporcionat algunes informacions sobre els costums gals, però només s'han trobat unes poques restes dels seus assentaments. L'arqueologia aèria, que no es començà a practicar fins a la dècada de 1970, va enriquir els seus punts de vista. Des de l'aire, es van poder detectar les empremtes d'antigues ocupacions i trencar alguns mites, com el del poble d'Astèrix tal com Uderzo el dibuixà amb talent.

Aquests descobriments van modificar radicalment el relatiu menyspreu amb què la història, sempre grecollatinitzada, havia tractat els gals que, per raons essencialment polítiques, el Segon Imperi i la III República francesa havien pintat com els nostres bel·licosos avantpassats. Les troballes van obrir un camp d'estudi nou i altres excavacions que van mostrar un poble molt menys bàrbar i rústec del que suggerien els escrits romans i la cultura «clàssica».

Encara hi ha moltes coses pendents de descobrir dels gals. Però els romans també guarden alguns misteris. Esperem que aquesta modesta obra us hagi ensenyat alguna coseta i que de tant en tant us hagi arrencat un somriure. Aquest era el seu doble objectiu.

UNES LÍNIES SOBRE ELS AUTORS CITATS DE L'ANTIGUITAT

CATÓ EL VELL, DIT TAMBÉ EL CENSOR (234-149 AC)

Fill de pagès, va dur a terme una brillant carrera militar i política, fins al punt que arribà a ser senador i després censor, un títol del qual aquest plebeu estava tan orgullós que en va fer el seu sobrenom. Va escriure un tractat d'agricultura i una història de Roma que s'ha perdut, però en què defensava els valors tradicionals amb obstinació. Detractor de la cultura grega, per damunt de tot Cató detestava Cartago, que volia veure ensorrada, fins al punt d'acabar els seus discursos amb el famós *Delenda Carthago*, «cal destruir Cartago». El seu desig es va complir, però tres anys després de la seva mort. Llàstima per ell...

TERENCI (C 190-159 AC)

Nascut a Cartago, la gran enemiga de Roma, Terenci és l'autor còmic llatí més important (amb Plaute, 254-184 aC). Només va escriure sis peces, però les seves comèdies de situació, els caràcters dels seus personatges i les reflexions morals han influït moltíssim en tot el teatre europeu.

POSIDONI DE RODES (C 135-51 AC)

Nascut a Síria, aquest filòsof estoic és un representant brillant de la cultura grega. Es formà a Atenes i viatjà molt a Roma, al nord d'Àfrica, a Hispània i a la Gàl·lia, on observà els habitants amb atenció i benevolència. Després va obrir una escola a Rodes i va escriure sobre filosofia, ciència, geografia i història, encara que, malauradament, bona part de la seva obra s'ha perdut.

CICERÓ (106-43 AC)

Jurista de formació, va posar la seva increïble eloqüència al servei del seu compromís polític. Va desbaratar amb èxit la conjura del senador Catilina, però els discursos contra Marc Antoni (les *Filípiques*) li van costar la vida. Gran orador i estilista immens, continua sent un model per als juristes contemporanis.

JULI CÈSAR (101-44 AC)

Senyor de la guerra, home polític i historiador de si mateix, va descriure els seus actes heroics en la famosa *Guerra de les Gàl·lies*, de la qual desapareix un papir en un recent àlbum d'Astèrix. Brillant i (massa?) ambiciós, es va autonomenar dictador i fou assassinat pels seus adversaris guiats per Brutus i Cassius.

DIODOR DE SICÍLIA (C 90-C 30 AC)

Aquest historiador grec nascut a Sicília, colònia hel·lena durant llarg temps, fou també un gran viatger que va recórrer Europa, l'Orient Mitjà i el nord d'Àfrica abans d'instal·lar-se a Roma. La seva *Biblioteca històrica*, redactada en grec, recull treballs dels seus col·legues que enriqueix i explica. Té un especial interès el que diu sobre Egipte. Se li atribueix la llista de les Set Meravelles del món, entre les quals es comptaven la piràmide de Kheops i el far d'Alexandria.

TIMÀGENES D'ALEXANDRIA (SEGLE I AC)

Com tampoc ho indicava el nom de Diodor, Timàgenes, nascut a Alexandria i mort a Roma, era grec. Aquest esclau llibert va obrir una escola de retòrica que es va fer molt famosa i li va valer la protecció de l'emperador August. Va escriure la seva història, una espècie de panegíric, i una altra obra sobre la Gàl·lia que es va perdre, però se'n coneixen alguns passatges gràcies a altres historiadors.

VIRGILI (C 70- 19 AC)

Després de dos poemes llargs en què canta la terra (les *Bucòliques* i les *Geòrgiques*), Virgili comença l'*Eneida*, inspirada pel grec Homer. Aquesta epopeia d'Enees, des de la caiguda de la seva ciutat fins que s'estableix definitivament a prop de Roma, fa de l'heroi troià l'avantpassat mític dels llatins. Virgili, que morí abans d'acabar aquest poema de dotze cants, havia demanat als seus amics que el cremessin. Però August, el primer emperador de Roma, necessitava aquest relat fundador per afermar el seu poder i el va posar en circulació. Millor per nosaltres.

ESTRABÓ (C 60 AC-C 20 DC)

Historiador, geògraf i, sobretot, viatger, Estrabó va deixar la seva Turquia natal per formar-se a Grècia. Amb aquest bagatge, va recórrer Àfrica, Itàlia i la Gàl·lia, d'on va reportar testimonis molt valuosos. Per desgràcia, només ens han arribat alguns fragments de la seva obra principal, els *Comentaris històrics*.

TITUS LIVI (59 AC-17 DC)

Aquest historiador meticulós va crear una obra monumental, *Ab urbe condita*, la història de Roma des que fou fundada per Ròmul. Únicament s'han conservat 35 volums dels 142 que va escriure i dels 150 que havia previst. Tan frustrant com una sèrie que no té tots els episodis...

APICI (C 25 AC-C 35 DC)

Aquest romà adinerat era amant de tots els plaers, especialment del bon menjar. Se li atribueix un tractat culinari que llança una valuosa llum sobre la cuina de la Roma imperial subtilment refinada. El xef francès Alain Senderens, traspassat el 2017, li va dedicar una de les seves receptes, l'ànec Apici.

SÈNECA EL FILÒSOF (C 4 AC-65 DC)

Fill de Sèneca el Vell, també dit l'Orador, gran professor de retòrica, va aprofitar bé els ensenyaments del seu pare per organitzar el seu discurs. Adepte de l'estoïcisme i l'edificació moral, va escriure obres filosòfiques i peces de teatre, alhora que menà una carrera política en què defensà els més febles. Durant un temps fou conseller de Neró, fins que començà a criticar les seves bogeries. Això el conduí al «suïcidi forçat» per ordre del tirà emperador.

PLINI EL VELL (23-79)

Fill de bona família, va fer una impecable carrera militar a Germània, Hispània i Síria. Però ha perviscut a través dels segles gràcies al seu talent com a naturalista. La seva obra cabdal, *Història natural*, de 37 llibres, li costà la vida. Prefecte de la flota a la Mediterrània durant l'erupció del Vesuvi que destruí Pompeia, es va apropar massa al volcà i es convertí en l'únic mort conegut de la catàstrofe. El seu nebot i fill adoptiu, Plini el Jove (62-114), també va ser escriptor i amb les seves *Cartes* donà un nou impuls al gènere epistolar.

MARCIAL (C 40-C 104)

D'origen hispànic i nascut en una família relativament acomodada, se'n va anar a Roma per fer fortuna com a poeta. Va ser negre literari d'alguns protectors, als quals va atacar en la seva obra major, els *Epigrames*, unes cròniques picants de la vida romana, de les seves infàmies, vicis i mesquineses. Marcial s'enriquí breument escrivint espectacles, però com que els poetes són uns administradors pèssims, aviat es va arruïnar i tornà a Hispània, on va morir enyorant Roma, les seves baixeses i la seva grandesa.

PLUTARC (C 46-C 125)

L'obra principal d'aquest gran filòsof grec neoplatònic són les *Vides paral·leles dels homes il·lustres*, una sèrie de biografies d'algunes celebritats antigues, en què per parelles compara els romans i els grecs. Així, Ròmul s'enfronta a l'heroi mític Teseu, Juli Cèsar es mesura amb Alexandre el Gran, Ciceró amb Demòstenes... Aquests textos van inspirar Shakespeare i Corneille.

SUETONI (C 69-C 126)

Amb la seva *Vida dels dotze cèsars*, que parla dels primers emperadors, aquest gran erudit va deixar un valuós testimoni de la història romana. Molts dels seus escrits s'han perdut, sobretot els que parlaven d'homes il·lustres (*De Viris Illustribus*). I d'ell tampoc se'n saben gaire coses.

JUVENAL (C 60-C 130)

Es coneix poc la vida d'aquest poeta que consagrà el conjunt de la seva obra a criticar Roma i els romans, sense oblidar els estrangers, que també detestava. Fent cas omís de la correcció política, les seves *Sàtires* ataquen totes les capes de la societat en un llenguatge saborós i sovint cru. Juvenal produí nombroses citacions, com: *Vitam impedere vero* («Consagrar la vida a la veritat»), adoptada per Jean-Jacques Rousseau.

Astèrix i Cleòpatra

BIBLIOGRAFIA

BADEL, C.: *Atlas de l'Empire romain*, Autrement, París, 2017.

BENOIT, S. (director): *Rome, des origines au Ve siècle*, PUF, col·lecció «Une histoire personnelle», París, 2016.

BRUNAUX, J.-L.: *Les Gaulois*, Les Belles Lettres, París, 2005.

BRUNAUX, J.-L.: *Nos ancêtres les Gaulois*, Seuil, col·lecció «L'univers historique», París, 2008.

CESAR, J.: *La Guerre des Gaules*, Folio, París, 1981.

DIEULAFAIT, F.: *Rome et l'Empire romain*, Milan Jeunesse, col·lecció «Les encyclopes», París, 2003.

DIVERSOS AUTORS: «La vie quotidienne en Gaule romaine», *Dossier d'Archéologie*, núm. 369, Faton, Dijon, maig/juny 2015.

DUMARCET, L.: *Celtes et Gaulois*, Vecchi, col·lecció «Focus de l'histoire», Nimes, 2004.

KRUTA, V.: *Les Celtes, histoire et dictionnaire*, Robert Laffont, col·lecció «Bouquins», París, 2000.

LE BOHEC, Y.: *Histoire de la Rome antique*, PUF, col·lecció «Que sais-je», París, 2012.

MALRAIN, F. i POUX, M.: *Qui étaient les Gaulois?*, La Martinière, París, 2011.

PERNOUD, R.: *Les Gaulois*, Seuil, París, 1979.

SALLES, C.: *L'Antiquité romaine*, Larousse, col·lecció «In Extenso», París, 1999.

SALLES, C.: *La Vie des Romains au temps des Césars*, Larousse, París, 2004.

SCARRE, C.: *Atlas de la Rome antique, 800 av. J.-C./540 ap. J.-C*, Autrement, col·lecció «Atlas/Mémoires», París, 2000.

AGRAÏMENTS

L'autor vol donar les gràcies a:

Catherine, en primer lloc, perquè mai podré donar-te prou les gràcies per això, per tot i moltes altres coses.

Gràcies a Aline, la meva guia-editora, pels seus lluminosos consells, a Laurence, per la seva confiança; a Catherine R., per les seves decisions, i al senyor Benoît Rossignol, que és un historiador de debò.

Gràcies també a Suzanne i a Rosalie per existir, als meus pares per ser-hi, i als meus amics pel bon humor.

Una petita salutació a Anna, que ha marxat cap a altres aventures, i a Fabienne, que ha tornat a l'escola.

I gràcies, evidentment, a René Goscinny i a Albert Uderzo perquè un dia van inventar *Astèrix*.

www.asterix.com

Asterix y Obelix @lartdasterix

Títol original: *Les vérités historiques expliquées*
Traducció: Marga G. Borràs

Publicat el 2020 per:
Grupo Editorial Bruño, S. L.
Juan Ignacio Luca de Tena, 15. 28027 Madrid

Dipòsit legal: M-3520-2020
ISBN: 978-84-696-2865-2
Printed in Spain-Imprès a Espanya

PAPER DE FIBRA CERTIFICAT